仏典百話

The 100 Stories of BUTTEN

Takahashi Isao

高橋勇夫

東方出版

はじめに

戦後四十年に近い歳月が流れた。高度な経済成長をとげた日本は、終戦後のことを想うと、一世紀も、二世紀も経た思いがする。まさに画期的である。だが、その豊かさのなかで、経済成長の歪みが次第に暴露されつつある。なかでも大きな問題は、人間の問題であろう。現代社会の根底に、真の人間のバックボーンが見失われたままである。豊かになればなるほど、人々はそこはかとなくこの問題を模索しはじめているのではなかろうか。

伝統的な日本の社会の中で、人はそれを仏教に求める。数多くの仏教書が書店に列べられている。

キリスト教の聖書、イスラム教のコーランなどとちがって、仏教の経典は、その生地であるインドのヒマラヤ山脈にも比べられるほど、広くそして深い。しかも難解な仏教用語を駆使した漢文である。手がつけられない。歯がたたないのである。でも、仏教を論ずる限りは、原典に拠らねばならない。

そんな仏教の経典に、一人でも多くの人に親しんでほしい、馴染んでほしい、というのが私のかねてからの悲願である。

仏教経典の一つ、一つをとりあげ、その経典を概説すると共に、その経典の特色をあらわすような聖句をとりあげて解説を試みたのが本書である。非才の私にとっては、かなり苦しい作業であった。昨年六月からおよそ一年、経典と四つに組んで、こつこつと努力をつづけ、今浄書を終って何よりも力不足をかこっている。

でも、さきに『法華百話』、つづいて『日蓮百話』とあわせて、「仏教百話シリーズ」の三部作を完成して、感慨一入のものがある。

この書が、仏教に親しむ皆さんの何かのお手伝いになればと、ただそれを祈るばかりである。

昭和五十七年六月四日

高橋勇夫誌す

仏典百話

目次

仏典百話

① 戦場において百万人に打ち勝つよりも己《おの》れ一人に打ち勝つものこそ、実に最上の戦勝者である。

（法《ほっ》句《く》経《ぎょう》・第一〇三節）

漢訳法句経、パーリー文ダンマ・パダの一節である。前田恵学氏の訳（筑摩書房、『世界文学大系四、インド集』）による。

パーリー文ダンマ・パダは、原始仏典である五ニカーヤの第五のクッダカ・ニカーヤ（小部）のなかに十五あり、その第二にあたる。

経典のなかで最も多く翻訳《ほんやく》されているもので、マックス・ミュラーの英訳を始め、独訳・仏訳のリストが、『真理のことば、感興《かんきょう》のことば』（岩波文庫）のあとがきに掲載されている。またそのなかで中村元博士は「ダンマ・パダは四二三の詩より成り、仏教の実践を教えた、恐らく最も著名でまた影響力ある詩集である。その成立年時については種々論議されているが、かなり古いテクストである」ともいわれている。

かつて奉職していた高校で、朝ごとに生徒たちが合誦しており、ともに私も誦していたが、なかで一番心に残っているのがこの一節である。

克己《こっき》、己れに克つ、セルフ・コントロールということは言うべくして一番むつかしいことではなかろうか。越後の良寛さんの歌に、「こころこそ、心まよわすこころなれ、心の駒《こま》に手綱《たづな》ゆるすな」とある。古くは「意馬心猿《いばしんえん》」という言葉があり、唐の道綽《どうしゃく》の安楽集《あんらくしゅう》に「諸の凡夫《ぼんぷ》、心は野《の》馬《ま》の如く、識《しき》は猿猴《えんこう》より劇《はげ》し、六塵《ろくじん》に馳騁《ちてい》（走ること）して何《なん》ぞ曽《かつ》て停息《ていそく》せん」とある。心も識も、こころである。六塵とは色声香味触法《しきしょうこうみそくほう》の六境《ろっきょう》、つまり感覚器管の対象である。我々の認識は、この六境に左右されて動きまわり、片時もじっとしていない、との意である。心地観経《しんじかんぎょう》にも「心は猿猴《えんこう》の如し、五欲《ごよく》の樹《き》に遊んで暫《しば》らくも住《とど》まらず」とある。五欲も六塵に準じ、色声香味触の認識の対象をさす。

ある程度の年配の人ならおぼえておられよう。近鉄奈良線で、瓢簞山《ひょうたんやま》からの下り勾配《こうばい》を満員の客を乗せた電車が、朝のラッシュ時、ブレーキがきかなくなり、フルスピードで、折から花園駅にとまっていた列車に激突、百人を越える死者を出した大惨事となった。

どんな乗物だって同じ。自動車でも、自転車でも、ブレーキのきかなくなった車なんて想像するだけでも恐ろしい。いわゆる欠陥車《けっかんしゃ》である。ところがブレーキのきかなくなった人間がいる。欠陥人間《けっかんにんげん》である。

先日、東京で起った通り魔事件など、その最たるものである。

もとスシ職人で、スシ屋に就職を頼んでことわられた腹いせに、全く無縁の二人の子供づれの女性と、同じく全く通りがかりの主婦計四名を刺し殺し、中華料理店に、これまた通りがかりの主婦を人質に立てこもったという事件である。逮捕の直後、なくなった人を気の毒とも思わぬ、とうそぶいていたのを聞いて心の底まで寒い思いにかられた。麻薬常習者であったという。

毎日の新聞を見ていると、こうした欠陥人間の多いのに、ただ驚くばかりである。しかしお互いの生活をふりかえっても、大なり小なり、セルフ・コントロールのきかないのを内心自ら嘆くようなことがあるのも事実である。

② **何ものかをわがものであると執着《しゅうちゃく》し動揺《どうよう》している人々を見よ。かれらのありさまはひからびた流《なが》れの水の少いところにいる魚のようなものである。これを見て、「わがもの」という思いを離れ行うべきである。——諸々の生存に対して執着することなしに——**

（スッタニパータ・七七七節）

さきのダンマ・パダはパーリー仏典の第五部の第二であったが、今ここにあげるスッタニパータ（経集）は第五にあたる。岩波文庫に『ブッダのことば』（中村元訳）として収録されている。その解説にも詳しいように、仏教経典の最古のものに属する。いわばゴータマ・ブッダ（釈尊）の説法を最も古く集録したものであり、その説法のおもかげを伝えるものである。

スッタニパータは五章にわかれており、なかでも最後の第四章、第五章がわけて古いものであることは、『原始仏教聖典の成立史研究』（前田恵学）にも詳しい。

○

このなかに述べられた教説の中心は「妄執《もうしゅう》を離れよ」「わがものという意識をもつな」ということである。

ここにあげた七七七節は第四章の一節である。第五章のなかに、ヴェーダに通じたバラモンであるバーヴァリンの弟子十六人が、サーヴァッテイ（舎衛城《しゃえじょう》）におられたブッダを訪ねて、つぎつぎ質問をし、ブッダがこれに答えられる形式をとっているが、その時のブッダの答えを拾ってみると——

「諸の欲望に耽《ふけ》ってはならない」（一〇三九）、「諸々《もろもろ》の欲望に関しては清らかな行いをまもり、妄執《もうしゅう》を離れて」（一〇四一）、「その理法を知って、よく気をつけて行い、世間の執着をのり越えよ」（一〇五三）「種々の生存に対するこの執着を捨てて、妄執を離れ、苦悩なく、望むことがない。かれは生と老衰とをのり超えた、とわたしは説く」（一〇六〇）、「移りかわる生存への妄執をいだいてはならない」（一〇六八）、「諸々の欲望を捨てて、諸々の疑惑を離れ、愛執《あいしゅう》の消滅を昼夜に観ぜよ」（一〇七〇）、「聖者はこのような人であると知れ。かれは何ものをも所有せず、欲望の生存に執着しない」（一〇九一）

○

苦しみとはわれわれの自由にならぬことである。「わがもの」という思いによって縛《しば》られているのである。存在は無我《むが》であり、無常《むじょう》である。

「人はわがものであると執着したもののために憂《うれ》う。自己の所有したものは常住でないからである。この世のものはただ変滅《へんめつ》すべきものなのである」（ダンマ・パダ二二一）と教えられる。

若い人は「自分は若い」と思うおごりがあり、健康なものは「自分は健康である」というおごりがあり、人間は「自分は生きている」というおごりがある。しかしひとたび無常の風が吹けば、他愛もなく吹きちぎられてしまうのである。

「わがもの」という思い、生存に対する執着を離れよ、とくりかえし教えられる。ではよりどころは何なのであろう。それは存在の理法「法（ダルマ）」なのである。

③　この世で自らを島《しま》とし、自らをたよりとして、他人をたよりとせず、法を島とし、法をよりどころとして、他のものをよりどころとせずにあれ。

（大《だい》般《はつ》涅《ね》槃《はん》経《ぎょう》）

このことばは、ブッダが晩年、侍者のアーナンダに与えられた有名な聖句である。ところが私たちは古くから、「自らを灯明《とうみよう》とし、自らに帰依《きえ》せよ。法を灯明とし、法に帰依せよ」（自灯明、自帰依、法灯明、法帰依）と教えられてきた。

ここに掲げた文は、パーリー文のマハー・パリニッパーナ・スッタンタ（中村元訳、岩波文庫、『ブッダ最後の旅』所収）、漢訳の大般涅槃経の文である。岩波文庫ではこの「島」について詳細な註があり、その用例として「大海のうちにおける島のように、自分を島（たより）として確立しておれ」とある。

ところが灯明と訳した例として中阿含経第三十四巻世間経に「まさに自ら灯明となるべし（当自作灯明）」があげられている。奈良康明氏は山川出版社『仏教史I』一〇五頁に括孤を施して「原語はディーパとあり、島とも灯とも訳せる」と註記されている。

○

パーリー文マハー・パリニッパーナ・スッタンタ（大パリニッパ経）、漢訳大般涅槃経は、ブッダの晩年の旅とその涅槃《ねはん》（ここでは亡くなること）について述べられている。

ブッダは、マガダ国の首都ラージャグリハ（王舎城《おうしやじよう》）の霊鷲山《りようじゆせん》を旅だたれ、北へ、ガンジス河をわたってベールヴァ村で雨期をすごされたのち、ヴァッジ国を通り、パーヴァーで鍛冶屋チュンダ（純陀）の施食をうけ、きのこの料理をたべ、激しい下痢に苦しみ、赤い血がほとばしり出、死にいたる苦しみをのりこえ、ついにクシナーラの二本のサーラの樹（沙羅双樹《さらそうじゅ》）のもとで「もろもろの事象は過ぎ去るものである。怠ることなく修行を完成なさい」という言葉を最後に八十歳の生涯を閉じられた。

それに先立って、侍者アーナンダが、ブッダの遺体の処理を聞いた時、ブッダは「アーナンダよ。お前たちは修行完成者（ブッダのこと）の遺骨の供養《くよう》（崇拝）にかかずらうな。どうかお前たちは正しい目的のために努力せよ」といわれ、王族・バラモン・資産者たちが遺骨の供養をするであろうと示された。

そのようにクシナーラに住むマッラ族の人たちによって火葬にされ、遺骨は八つに、ほかに遺骨を納めた瓶と灰とにわけられたという。

○

ブッダは、さきに言った旅の途次、それぞれの街に入って、多くの人たちに多くの教説を語られた。いわゆる後の用語を用いるならば、四諦《したい》・八正道《はっしょうどう》・三十七菩提分法《ぼだいぶんぽう》・四無色定《しむしきじょう》・八勝処《はっしょうじょ》・

四《し》決定説《けつじょうせつ》などといわれるものについて説かれた。

いよいよ死期を覚悟されたブッダのことばのなかに「完き人の教には、何ものかを弟子に隠すような教師の握り拳《こぶし》は存在しない」と。

当時のインドの思想では、師匠から弟子へ、一人から一人へと伝えられるのを常としたのに対し、ブッダの教えは極めて開放的・開明的であったことを物語っているとともに「法」(理法・ダルマ)の存在を重視していることを表すものである。

大パリニッパーナ経を始め、原始仏典ばかりでなく、後になっても「如来この世に出づるも出でざるも」普遍的に存在する「法」の存在を強調するのが仏教の特色である。

④ **それは目的にかない、清らかな修行の基礎とならず、厭離《おんり》、煩悩《ぼんのう》の止滅《しめつ》、こころの寂静《じゃくじょう》、すぐれた智慧・正しいさとり・ニルヴァーナ（涅槃《ねはん》）獲得《かくとく》に役立たないからである。それゆえ、わたくしはそれを記説しなかったのである。**

（箭《せん》喩《ゆ》経《きょう》）

パーリー文・マールンキヤ小経（『人類の知的遺産・ゴータマ・ブッダ』所収、早島鏡正訳）よりの抄録である。漢訳、中阿含経《ちゅうあごんぎょう》二二一箭喩経《せんゆきょう》に相当する。漢訳では、「これ義と相応するに非ず、法と相応するに非ず、梵行《ぼんぎょう》の本《もと》に非ず、智に趣《おもむ》かず、覚《かく》に趣かず、涅槃《ねはん》に趣かず。この故に我一向にこれを説かず」とある。

〇

仏弟子マールンキヤは、ブッダに次の十の質問（北伝では十四となっている）を投げかけ、もしブッダが明確な解答をしてくれなければ、修学を捨てて還俗《げんぞく》しようと考えた。その十の質問とは、

1. 世界は常住であるか。
2. 世界は無常であるか。
3. 世界は有限であるか。
4. 世界は無限であるか。
5. 霊魂と身体は同一であるか。
6. 霊魂と身体は別であるか。
7. 如来は死後存在するか。
8. 如来は死後存在しないか。
9. 如来は死後存在しかつ存在しないか。
10. 如来は死後存在するものでもなく存在しないものでもないか。

これらの質問に対してブッダは答えられなかった。そしてそのかわりに「箭喩経」の名のごとく、「箭《や》（矢に同じ）」のたとえをもってこれに答えられた。

ある人が毒矢に射られたとしよう。そこでかれの親友・仲間・親族・縁者らは、かれのために外科医を呼ばせるだろう。ところが、その毒矢に射られた人が「わたしを射《い》た人は王族か、バラモンか、庶民なのか、下賤なものなのか」それを知らぬ間は矢を抜くのを待ってくれという。さらに「私を射た人は背が高かったか低かったか」「わたしを射たのは村民なのか町人なのか」「わたしを射た矢は一般の弓か石弓か」「わたしを射た弓の弦はアッカ草の弦か、サン草の弦か」……それを知るまで矢を抜くのを待ってくれと言ったとしよう。おそらくこの人は、それらのことを知るまでに命《いのち》終ってしまうであろう。

マールンキヤよ、お前が「世界は常住であるか、無常であるか」以下いろいろたずねているのは、ちょうど矢に射られた人が、いろいろたずね、それを知るまで矢を抜くのを待ってくれと言っているのと同じだ。

私は、生《しょう》・老《ろう》・病《びょう》・死《し》・憂《うれい》・悲《かなしみ》・苦《くるしみ》・悩《なやみ》の人生の苦を抜くみちを説いている。「世界は常住か、無常か」などの形而上学的《けいじじょうがく》質問は、この出離《しゅつり》には無関係だから説かないのだ、と。

これが箭喩経、つまりマールンキヤ小経の要旨である。マールンキヤの形而上学的質問は北伝では十四を数え、ブッダがこれに答えられなかったことを「十四無記《むき》」とも「捨置記《しゃちき》」ともいう。

小林秀雄はその「私の人生観」の中でこれを取りあげ、「空の形而上学は不可能だが、空の体験というものは可能である。空は不記だが、行う事によって空を現す事は出来る。本当に知るとは、行う事だ。そういう積極的な意味合いも含まれている様であります」と述べている。

ブッダの教えは、単なる知的興味を満足させるようなものでなく、生死《しょうじ》を出離《しゅつり》する道を教えているのである。

⑤ **この筏《いかだ》は実にわれに益《えき》することが多かった。われはこの筏によって手足で努めて安全にかなたの岸に渡り終えた。さあ、われはこの筏を頭に載せ、あるいは肩に担《かつ》いで、欲するがままに進もう。**

（中部経典）

パーリー文の阿含経典《あごんきょうてん》は、長部《ちょうぶ》・中部《ちゅうぶ》・相応部《そうおうぶ》・増支部《ぞうしぶ》・小部《しょうぶ》の五部（五ニカーヤ）からなる。長さの長い経典を集めた長部に対し、中位の長さの経典を集めたのが中部である。その中部経典所載の「筏《いかだ》の譬喩《ひゆ》」である。今、筑摩書房刊『仏典Ⅰ』から抄録した。漢訳では中阿含経《ちゅうあごんぎょう》五四巻阿梨吒経《ありたきょう》（国訳一切経阿含部六・二六六頁）、または増壱阿含経《ぞういちあごんぎょう》三十八巻（同阿含部九・二八三頁）にある。

○

ある人が街道を進んで行ったが大きな河に遭遇した。見るところ橋もなければ、船もない。こちらの岸は危険で、あちらの岸は安穏であった。何としても渡りたいと思ったこの人は、あたりの草・木・枝・葉を集めて筏をつくり、向う岸に渡ることが出来た。

渡り終ったこの人は、この筏のおかげで、この河を渡ることが出来たのだと、大切なこの筏を頭にのせ、或は肩にかついでこれから進もう、と言ったというのである。

ブッダはこれに対して修行僧にたずねられた。「修行僧ら、汝はこれをどう思うか。これは筏に対してなすべきことをなしたと云えるだろうか」と。修行僧たちは一斉に「不《いな》なり、世尊」と答えた。

ついでブッダは、筏を水から引きあげ、あるいは水上に浮べ、筏を捨てていった人こそ、筏に対してなすべきことをなしたのであると教えられるとともに、「実に筏のたとえを知っているお前たちは、法を捨てねばならぬ、いわんや非法《ひほう》をや」と教えられた。

大乗仏典である般若心経に「苦集滅道《くじゅうめつどう》なし」とある。仏教経典のなかで、ブッダの最も基本的な教説である「苦集滅道」の四諦《したい》を否定しているのである。

仏の教えは、如何に人生を生きるかを教えている。ところが、その「いかに生きるか」という実践的な問題をよそに、経典のみを大切にしたらどうであろう。まさに主客顚倒《しゅきゃくてんとう》である。仏の教えようとしたのは「生き方」なのである。仏教的な正しい生き方を生きさえすれば、仏の教えのこころはすでに満たされているのである。大切なのは、あくまで人生の生き方という実践的な問題で、経典はその生き方を教えているものである。苦集滅道なしといわれる所以である。経典は月をさす指に等しいといわれる。

○

世の中に教条主義《きょうじょうしゅぎ》といわれるものがある。

「マルクス主義を発展するものと見ず、その古典に述べられている命題を絶対的な教条と考え、当面する具体的な諸条件を吟味せず、機械的に適用する態度」と広辞苑にある。まさに筏を頭にのせ、肩にかついで進んでいく人の姿である。

だから経典は「まさに法を捨つべし。況んや非法をや」「まさにもって法を捨つべし。況んや非法をや」と説いているのである。

要は具体的な実践にあるので、観念的な論理のもてあそびでは、用をなさないのである。

⑥ さきには放埒《ほうらつ》であったが、のちに放埒でない人、雲間から出た月のように、彼はこの世を照す。

（中部経典）

この一文は中央公論社刊・世界の名著『原始仏典』所載の、中部経典八六・アングリマーラ経の一節である。漢訳では、増壱阿含経《ぞういちあごんぎょう》三一、雑阿含経《ぞうあごんぎょう》三八、また央堀魔羅経《おうくつまらきょう》と同本である。

ブッダが祇園精舎《ぎおんしょうじゃ》におられた時のこと、コーサラ国のパセーナディ王（波斯匿王《はしのくおう》）の領内にアングリマーラとよばれる残忍な盗賊がいた。情け容赦なく人を殺し、その指をとって首飾りにしたという。それに由来して指鬘外道《しまんげどう》とよばれた。

ある時のこと、ブッダはアングリマーラのいるというサーヴァッチーの郊外に向けて歩んで行かれた。牛飼いや山羊飼い、そして農民たちはブッダの歩まれるのを見て制止して言った。「この道を行きなさるな。残忍なアングリマーラがいます。十人、二十人、三十人の人が一緒になって行っても、みなアングリマーラの手に落ちてしまいました」と。

でもブッダはなおも歩みを止めようとはなさいませんでした。牛飼いや山羊飼い、そして農民たちは、二度、そして三度制止しましたが、ブッダは進んで行かれました。

ただ一人歩んでこられるブッダの姿を見たアングリマーラは、十人、二十人、三十人が一緒になってきても、みな私の手に落ちたというのに、ただ一人でやってくるとはと、むしろ驚きました。剣と楯《たて》をとってブッダを追ったのでした。

ところが不思議なことに、アングリマーラが懸命に追いかけても、普通に歩いておられるブッダに追いつかないのです。彼は立止まって「止まれ、沙門《しゃもん》」とよびかけました。ところがブッダは「アングリマーラよ、私は止まっている。おん身こそ止まれ」と仰しゃいました。

アングリマーラは不思議に思ってたずねました。

「おん身は進んでいるのに止まっているという。私は止まっているのに、止まれという。その意味はどういうことだ」と。

そこでブッダは答えられます――

「アングリマーラよ、いかなる時もわたしはつねに、すべての生物に対し害心を捨て、止まっている。汝は生物に対する自制がない。だから私は止まっており、汝は止まっていない」と。

かくて盗賊アングリマーラは剣を捨ててブッダのみ足に敬礼し、その場で出家を許されました。

折柄コーサラ国のパセーナディ王は五百ばかりの騎兵をつれて祇園精舎《ぎおんしょうじゃ》を通りかかり、ブッダにあいさつをしました。

ブッダが、ものものしい様子を見て「マガダを攻めようというのですか、リッチャヴィー族を攻めようというのですか」と問われると、王は民衆の訴えによってアングリマーラを取り押えに行くところだと申します。そこでブッダは、

「もしそのアングリマーラが、前非《ぜんぴ》を悔い、出家したとしたらどうなさいますか」と。

「師よ、私は彼を出迎えて立ち、衣服、飲食その他を供養するでありましょう」と。

かくて出家したアングリマーラを見た王は「師よ、驚いたことです。ブッダは教化しがたい者を教化し、我々が剣をもってしても教化できなかったものを、剣を持たずに教化されました」と。

○

出家したアングリマーラが托鉢《たくはつ》に出かけたある日のこと、かつてアングリマーラに害された縁者でもありましょうか、土くれや石で彼を打ち、彼は血を流してブッダのもとに帰ってきました。

その時のブッダのことば——

「おん身は耐え忍ばねばならぬ。おん身が以前なした行為の報いとして地獄に堕《お》つべきであったのだから、現にうける苦しみは耐え忍ばねばならぬ」と。

そしてアングリマーラが、人影のないところで静思し、解脱《げだつ》のたのしみを享受《きょうじゅ》し、歓喜にひたりながら唱えた詩句の一節が、冒頭にかかげた詩句なのであります。

⑦ 父母は東方である。師は南方である。妻子は西方である。友人・朋《ほう》輩《ばい》は北方である。奴僕《ぬぼく》・傭人《ようにん》は下方である。修行者・バラモンは上方である。

（六方礼経）

今この文は筑摩書房刊・世界古典文学全集『仏典I』(中村元訳)所収「シンガーラへの教え」に拠った。原始仏教経典のなかで、在家者の倫理を最も要領よく説いたもので、その原型成立は古く、マウリア王朝（B.C. 三一七成立）以前といわれる（前田恵学）。

パーリー文は「シンガーラへの教え」として長部三一に収められ、漢訳では「仏説尸迦羅越六方礼経《しからおっろっぽうらいきょう》」があり、異訳として「仏説善生子経《ぜんしょうじきょう》」ほか二経がある。

シンガーラが父の遺言によって東西南北上下の六方を合掌礼拝しているのを見たブッダが、単なる方角礼拝は意味がないとさとされて「東―父母、西―妻子、南―師、北―朋友、下―奴僕《ぬぼく》・傭人《ようにん》、上―修行者・バラモン」にあて、それらの人々を念じつつ礼拝すべきであると、それらの人々に対する心がけを教えられている。

特に夫婦関係において妻の座を重視し、主従関係において奴僕・傭人の立場に理解を示し、悪友を避け、心がけの善い友に近づくことをすすめる。また世俗の生活における財産保存を重視し、在家者としては、不殺生《ふせっしょう》・不偸盗《ふちゅうとう》・虚言《きょげん》を言わない、他人の妻に近づかない、という四つの戒を守ることを教え、心のうちの、むさぼり、いかり、恐怖、愚痴《ぐち》を滅すべきことを教えている。

○

なかでも父母・師・妻子・友人・奴僕・修行者に対する態度を教えたものを列記しよう。

(父母)　われは両親に養われたから、かれらを養おう。かれらのために為すべきことをしよう。家系を存続しよう。財産相続をしよう。そうしてまた祖霊に対して適当な時々に供物を捧げよう。

(師)　座席から立って礼をする。近くに侍する。熱心に聞こうとする。給仕する。うやうやしい態度で学芸を受ける。

（妻）　尊敬すること。軽蔑しないこと。道を踏みはずさないこと。権威を与えること。装飾品を提供すること。

（友人）　施与《せよ》・愛語《あいご》・利行《りぎょう》・協同すること。欺《あざむ》かないこと。

（奴僕）　能力に応じて仕事をあてがう。食料と給料とを給与する。すばらしい珍味の食物をわかち与える。適当な時に休息させる。

（修行者）　親切な身体の行為。親切な口の行為。親切な心の行為。門戸を閉さぬ。財物を給与すること。

このほか、さきに述べたように、財産保全の道を教えている。財を散ずる六つの門戸として、①酒類など怠惰《たいだ》の原因に熱中する、②時ならぬに街路を遊歩することに熱中する、③祭礼・舞踊など見せものの集会に熱中する、④賭博《とばく》という遊惰の原因に熱中する、⑤悪友に熱中する、⑥怠惰にふけること、となっている。

いずれも二千数百年前のものであることを思うと、永い歴史の変遷を経て、極度に近代化したという社会も、その昔も、根本において変りないことをしみじみと感ずる。

⑧

八正聖道《はっしょうせいどう》は、これ三世《さんぜ》諸仏《しょぶつ》の履《ふ》み行きて般涅槃《はつねはん》におもむきたまえる所なり。我れすでに践《ふ》み、智慧通達して、罣礙《けいげ》する所なし。

(過去《かこ》現在《げんざい》因果《いんが》経《きょう》)

過去現在因果経《かこげんざいいんがきょう》は、日本人にとって親しみのあるお経なのである。というのは国宝の「絵因果《えいんが》経《きょう》」があるからである。正倉院文書《しょうそういんもんじょ》、天平勝宝《てんぴょうしょうほう》八年(七五六)の図書寮目録《としょりょうもくろく》には、絵因果経八巻とあり、現在上品蓮台寺本《じょうぼんれんだいじぼん》、報恩寺本、益田本、芸術大学本の四巻がある。上段に絵があり、下段に経典の本文がある。つまり経典の絵解《えと》きなのである。

過去現在因果経とは仏陀の伝記である。仏陀の伝記としては、パーリー文ではマハー・バッガ、ニダーナ・カター、サンスクリットではブッダ・チャリタ、マハー・ヴァストゥ、ラリタ・ヴィスタラがあり、漢訳では仏所行讃《ぶっしょぎょうさん》、仏本行集経《ぶっぽんぎょうしゅうきょう》、十二遊経《じゅうにゆうきょう》、修行本起経《しゅぎょうほんぎきょう》、中本起経《ちゅうほんぎきょう》、チベット系の衆許摩訶帝経《しゅうこまかたいきょう》などがある。

過去現在因果経は、中国・日本でひろく行なわれたにもかかわらず、現在原典となるサンスクリット本も、チベット本もなく、ただ漢訳のみが現存する。

内容は初転法輪《しょてんぼうりん》のあと、耶舎《やしゃ》・三迦葉《さんかしょう》・頻毘娑羅王《びんびさらおう》・舎利弗《しゃりほつ》・目連《もくれん》、そして大迦葉《だいかしょう》の教化で終っている。

○

ここに掲げた一文は、二月七日の夜、ついに魔を降伏《こうふく》し、大光明を放ち入定《にゅうじょう》。第三夜において十二因縁《じゅうにいんねん》を観じて無明《むみょう》を破し、一切種智《いっさいしゅち》を完成。つまり成道《じょうどう》されたその時、如来《にょらい》が自ら思惟《しゆい》されたという言葉である。

八正聖道《はっしょうせいどう》、つまり八正道《はっしょうどう》こそが般涅槃《はつねはん》（パリニッパーナ、涅槃《ねはん》に同じ）に趣《おもむ》く道であることを示されている。

四諦《したい》（苦・集・滅・道）の最後の道諦《どうたい》、つまり「さとりにいたる道の真理」が八正道なのであり、正見《しょうけん》・正思惟《しょうしゆい》・正語《しょうご》・正業《しょうごう》・正命《しょうみょう》、正精進《しょうしょうじん》・正念《しょうねん》・正定《しょうじょう》である。

「正見」とは、仏教の正しい世界観、人生観としての縁起《えんぎ》や四諦に関する「正しい見解」である。

「正思惟」とは、身体や言葉による行為をなす前の「正しい意志決定」をさす。

「正語」とは、正思惟によって生まれる「正しい言語的行為」である。妄語《もうご》・悪口《あっく》・綺語《きご》をせず、真実で他を愛し、融和させる有益な言語である。

「正業」とは、正思惟によって生まれる「正しい身体的行為」である。

「正命」とは、「正しい生活」である。正しい職業によって、正しく生活すること。日々の生活を規則正しくすることである。睡眠・食事・業務・運動・休息など規則正しく生活することをいう。

「正精進」とは「正しい努力・勇気」である。言えば理想に向って努力することである。

「正念」とは、「正しい意識・注意」である。理想目標を常に忘れず、日常生活をうっかり、ぼんやりしないこと。

「正定」とは、「正しい精神統一」、明鏡止水《めいきょうしすい》といわれる曇りない心や、無念無想《むねんむそう》といわれる心の状態である。

この八正道のなかで、何よりも「正見」こそが重視される。出発点だからである。正しい見解、正しい見透し、正しい出発点がなければ、そのあとの努力はすべてムダということになる。

⑨ 二十五年の間、わたしは慈愛にあふれた身体の行ないによって……慈

愛にあふれたことばの行ないによって……慈愛にあふれたこころの行ないによって、尊き師のおそばに仕えた。あたかも形を離れない影のようであった。

（長《ちょう》老《ろう》偈《げ》）

①②にあげた「ダンマパダ」「スッタニパータ」は、ゴータマ・ブッダのことばに近いものを集めた最古の経典であったが、今ここに掲げる長老偈《ちょうろうげ》と、つぎに掲げる長老尼偈《ちょうろうにげ》とは仏弟子たちの詩句を集めたものである。ブッダの滅後百数十年たったアショカ王時代に詩句集としてまとめられたものと考えられ、最初期の仏教の思想と生活を知る上で「ダンマパダ」「スッタニパータ」に匹敵する価値を持つとともに、この中にもブッダのことばがあり、さきの二篇と共通する詩句も多い。

長老偈（テーラガーター）は千二百七十九、長老尼偈（テーリーガータ）は五百二十二の詩句から成っている。今ここに掲げた文は、『仏典Ｉ』（筑摩書房）所収の早島鏡正氏の訳である。

長老偈は長老たちの詩句集だが、一つの詩を残している長老のものは「一つの詩句集」に、二つの詩を残している長老のものは「二つの詩句集」に、という風に並べられており、今ここに掲げた詩は「三十の詩句集」のなか、一〇四一―一〇四三に相当する。文から察せられる通りアーナンダ長老（阿難陀《あなんだ》＝阿難《あなん》）の詩句である。

長老偈の内容の多くは、ブッダの実践されたもうた如くに実践する者、という自覚と誇りを告白し、さとりの心境を物語るものが多い。

ここではブッダの滅後、ブッダの侍者として晩年二十五年寸時もブッダを離れることのなかったアーナンダの追懐である。

アーナンダはブッダのイトコにあたる。デーバダッタ（提婆達多《だいばだった》）の兄弟である。多聞《たもん》第一・総持《そうじ》第一・正念《しょうねん》第一・行持《ぎょうじ》第一・侍者《じしゃ》第一と称される。博覧強記《はくらんきょうき》で、記憶に於て他に及ぶものがなかった。だから仏滅後、第一回の結集《けつじゅう》（経典の編さん）に際し、マハー・カッサパ（大迦葉《だいかしょう》）の命によって、その記憶したブッダの教説を誦出《じゅしつ》している。

ブッダはその入滅の直前、彼の給仕の立派であったことをほめて――

「過去の諸仏の侍者は、言いつけられたことだけした。今の阿難は、私が目で合図すれば、もうちゃんと私の気持を知って仕事をした」と、阿難の四未曽有《しみぞう》の奇特《きとく》の法を述べられている。

（長阿含経・遊行経）

⑩　すでにわたしは煩悩《ぼんのう》の矢を折り、重き荷をおろし、なすべきことをなしおえた。と、キサー・ゴータミー長老尼《ちょうろうに》は、よく解脱《げだつ》した心をもって、この詩句を唱えた。

（長《ちょう》老《ろう》尼《に》偈《げ》）

ここに掲げた一文も早島鏡正氏の訳による。「仏典I」（筑摩書房）の解説によると、長老偈《ちょうろうげ》と長老尼偈《ちょうろうにげ》とは、性別の上からいっても、両者の詩句の表現には相違がある。長老尼偈には、女性らしい性格が横溢している。出家前の身体の美しさを回想したり、結婚の破局を歌ったり、夫や子どものことに思いをはせたりしている。

ここに掲げた文は、本文中にもあるように、キサー・ゴータミーの詩句である。キサー・ゴータミーの詩句は十一の詩句からなっている。その中に――

（二一八）わたしは分娩《ぶんべん》の時が近づいたのを知って、歩いて行く途中、わたしの夫が路上に死んでいるのを発見した。わたしは、わが家に達しないうちに、子どもを産んだ。

（二一九）二人の子どもは死に、夫もまた貧苦のため、路上に死に、母も父も兄弟も、同じ火葬の薪で焼かれた。

（二二〇）一族滅び、家貧しき女よ。なんじのすでに受けた苦しみは限りがない。さらに、なんじには、幾千の苦しみの生涯がつづくであろう。

（二二一）さらにまた、わたしは、それを墓場に見た。子どもの肉が食われているのを。わたしは一族を失い、夫を失って、世人には嘲笑されながら、不死の道を体得した。

とある。祇園精舎《ぎおんしょうじゃ》に近い舎衛城《しゃえじょう》の貧しい家に生まれ、やせていたのでキサー（やせた）・ゴータミーとよばれた。

出曜経無常品《しゅつようきょうむじょうぼん》第一の二に次のような話が載っている——

一人の子どもを失って悲嘆にくれていた母は、死せる子を抱いて祇園精舎のブッダのもとに救いを求めた。常日ごろならば、諄々と教えさとされるブッダだが、この時はその母にただひとこと、よろしい、街へ行って火をもらってきなさい、と言われた。母が喜んで出かけようとするとブッダは、今までに死人の出たことのない家でもらってくるのですよ、と。

母は街で火をもらおうとした。どの家でも気安く火を与えてはくれるのだが、死人の出たことのない家とてはなく、自分の子を失った悲しみも私だけのものでないとさとり、日暮れて祇園精舎のブッダのもとにかえり、ただ一言「わかりました」と。そして出家したというのである。ところが、この母というのが、ここには名は出ていないが、キサー・ゴータミーであると、ポールケーラスの「仏陀の福音」（鈴木大拙訳）には述べられている。

⑪　王は一切衆生を度《ど》せんと欲す、我は一切に非《あら》ざるや、何を以《もつ》てか、独り愍《あわれ》まずして、而《しか》も我が今日の食を奪《うば》いたもう。

（本《ほん》生譚《しょうたん》・大智度論《だいちどろん》）

本生譚はジャータカの訳語で、前生物語ともいわれるように、ブッダがこの世でさとりをひらいてブッダ（覚者）となるにいたったのは、過去世の善行の結果であるとし、さとりをひらく以前のボディーサッタ（菩薩《ぼさつ》）、またはマハーサッタ（大士）として、国王・僧・商人・女、いろいろの動物などに姿をかりて善行功徳《くどく》をつんだ話である。

パーリー聖典では、小部（クッダカ・ニカーヤ）の第十に、また十二分教（九分教）の分類では第六に「ジャータカ」が掲げられている。

パーリー聖典で「ジャータカ」は二十二篇五四七の物語からなる。紀元前三世紀ごろ当時の伝説がもとになり、仏教的色彩が加わってできたもので、紀元前二世紀のバールフトの彫刻（カルカッタ国立博物館蔵）や、紀元前一世紀中ごろから紀元後一世紀初めのサーンチーの塔門にも、すでにジャータカ物語のいくつかが彫刻されている。

これから述べる「シビ王本生」は、大英博物館にガンダーラ出土、紀元二世紀ごろのものと思われる彫刻があり、最近シルクロードで知られる敦煌《とんこう》第二十四窟（北魏時代）にも壁画がある。

なおジャータカは、漢訳では六度集経《ろくどじつきょう》、生経《しょうきょう》、菩薩本行経《ぼさつほんぎょうきょう》、菩薩本縁経《ぼさつほんえんきょう》等にもあり、阿含経《あごんきょう》典《てん》、律蔵《りつぞう》のなかにもしばしば散見される。また日本の今昔《こんじゃく》物語、宇治拾遺《うじしゅうい》物語にも引用されており、世界の説話文学中重要な位置をしめている。

今ここに掲げる文は、大智度論巻四所収のものである。

〇

昔、大国の王シビ王は、仏道を求め、極めて布施《ふせ》を好んだ。そこで帝釈天《たいしゃくてん》はシビ王の志の堅固さを試みようと、自ら鷹に化し、ヴィシュバカルマン（一切工作神）を鳩に化せしめ、鷹に追われた鳩はシビ王の腋《わき》下に入り、救いを求めた。そこへ鷹がきて、私の今日の食物である鳩をかえせと迫る。その一節がここに掲げた文である。

王は一切衆生を救うことが私の願いであると鳩を引きわたすことを拒む。そこで鷹が言うには「王は一切衆生を救うといわれた。私（鷹）も一切衆生のうちであろう。どうして私を愍《あわれ》まず、私の今日の食物を奪うのか」と。

そこで王は、自分の股《もも》の肉を切り、秤《はかり》にかけたが、まだ鳩の方が重かった。そこでもう一方の股の肉を切った。その時、鷹は帝釈天の姿にもどって「王はこの苦しみに耐えて何を求めるのか。転輪聖王《てんりんじょうおう》になることか、帝釈天《たいしゃくてん》になることか、または梵天《ぼんてん》になることか」と。ところが王は「われ三界尊栄《さんがいそんえい》の楽を求めず。ただ仏道を求むるのみ」と答えたという。

さきに言った大英博物館の彫刻では、左の傘の下にシビ王が左足を今切り取られようとしている。左隅に鳩、空中に鷹、中央に肉の重みを秤《はかり》ではかる人、隣りに頭光《ずこう》のある帝釈天《たいしゃくてん》、右横向きにヴィシュバカルマンが描かれている。

⑫ **やさしいことばを口にせよ、けっして悪口をいうてはならぬ。やさしいことばを口にした者のために、牛は重い荷車をひいて、財宝を得させ、それによって大いなる喜びを得たのである。**

（ジャータカ・第二十八）

ジャータカの基本的な形式は三部からなる。序文と本文と結語である。序文は釈尊在世時の出来事、つまり現在物語をとりあげ、次の本文に述べる過去物語を引き出す序話とする。そして本文はまさしく過去物語を説く主要部分である。結語は序文の現在物語に登場する人物と過去物語のそれとを結びつけ、詩句のもつ教訓・警句の効果を発揚する。

ここではパーリー文のジャータカの典型を示すため、早島鏡正氏の『人類の知的遺産3、ゴータマ・ブッダ』（一三六頁、講談社）をかりてここに掲げる。

〇

（序文）　この本生《ほんしょう》物語は、ブッダが祇園精舎《ぎおんしょうじゃ》におられたとき、六人の修行者が放った悪口について話されたものである。そのとき、六人の修行者は口論し、まじめな修行者らを嘲《あざけ》り、ののしり、一〇の項目をあげて恥《はず》かしめた。まじめな修行者らは、このことをブッダに申しあげた。ブッダは六人の修行者をよびつけ、「修行者たちよ、それは事実か」と尋ねられた。「その通りです」と答えたので、ブッダはかれらを叱責《しっせき》して「悪口をいうことは畜生でも好まない。前生でも、ある畜生が、その主人から悪口をいわれたので、主人に千金の損をさせたことがある」といって過去のことを話された。

（本文）　その昔、ガンダーラ国のタッカシラーの都で、ガンダーラ王が国を治めていた。そのとき、ボサツは牛の胎《はら》に生まれた。かれがまだ幼い子牛のときに、あるバラモンが牛供養する人びとのもとへ行って、その子牛を手に入れ、ナンディヴィサーラ（歓喜に満ちあふれた者の意）と名づけ、子どもたちのいるところに置いて、粥《かゆ》や米飯などを与えて、可愛がって育てた。

ボサツは成長したとき、こう考えた。「このバラモンは難儀をしてわたくしを育ててくれた。いまや全インドにおいて、わたくしと並んで同じ牽引力のある牛はなかろう。自己の力量を見せて、バラモンに扶養料をお返ししよう」と。

ある日のこと、牛はバラモンに向ってこう言った。「バラモンよ、牛を飼っている資産者のところへ行って〈わたしの牡牛は荷物を満載した一〇〇台の車をひきます〉と話して千金の賭《かけ》をしなさい」と。

バラモンは資産者のもとへ行って、話の糸口を切った。「この都で誰の牛が力持ちでしょうか」すると資産者は、誰と誰の牛だと教えたが、バラモンは言った「都の中で私の牛に匹敵するものはなかろう。資産者よ、わたくしに一頭の牛がおりまして、一〇〇台の荷車をひくことができます」「どこにそんな牛がおるかね」「わたくしの家におります」「それなら賭をしよう」「よろしいとも、いたしましょう」

こうして、バラモンは千金の賭をした。かれは一〇〇台の車に、砂・礫・石などを満載して順順に並べ、車軸から出ている縄で全車を結びつけた。ついでナンディヴィサーラを水浴させ、五指量の飯と香とを添えて与え、肩に花環を飾り、最前部の車の軛にこの牛をつなぎ、バラモン自身は軛《くびき》の上に坐り、鞭《むち》をふりあげて叫んだ。「進め、うそつき、ひけ、うそつき」と。

ボサツ（牛）は「このわたくしを、うそでないのに、うそつきということばで呼んでいる」と怒って四足を柱のように動かさずに、突き立てていた。その瞬間勝敗が決まったので、資産者はバラモンに千金を持ってこいといった。

千金を奪われたバラモンは、牛を解き、家へ戻って、憂いに沈んで休んでしまった。ナンディヴィサーラは歩いてきて、バラモンが憂いに沈んでいるのを見て、その側に近づいて言った。「バラモンよ、なぜ休んでいるのですか」「眠れないんだ、千金を奪われたからね」「バラモンよ、わたくしがお宅にこんなに長くお世話になっている間、いっぺんでも器物をこわしたり、踏み砕《くだ》いたり、あるいは他の場所に大小便したことがありますか」「いや、そんなことはなかった」「では、どうしてわたくしをうそつきと呼ばれたのですか。これというのも、あなたが悪いので、わたくしが悪くはありません。さあ、あの男と二千金の賭をなさい。だが、まったくうそつきでない者を、うそつきなどと呼んではなりません」

バラモンは、このことばを聞いて、出かけて行って二千金の賭をした。そして前と同じ方法で一〇〇台の車を結びつけ、ナンディヴィサーラを飾りたて、最前部の車の軛《くびき》につないだ。どのようにつないだかといえば、軛を車に固く結びつけ、一方の端にナンディヴィサーラをくりつけ、一方の端を車の前のつなぎで巻いて、軛の端と車軸との間に滑らかな棒を渡し、このようなつなぎ方でしっかりと結びつけた。それで軛があちこち動かず、一頭の牛でひいていくことができるようになった。

そこでバラモンは軛の上に坐り、ナンディヴィサーラの背をなでていった。「進め、賢者よ、運べ、賢者よ」ボサツ（牛）は、とてつもなく多く連絡された一〇〇台の車をひいた。すると最後尾の車が、最前部にあった車の場所に達した。牛を財産としていた資産者はバラモンに負けて、二千金を出した。他の人々もボサツにたくさんの賞金を与えたが、それらはすべてバラモンのものとなった。このようにボサツのおかげで、バラモンはたくさんの財宝を手に入れることができた。

（結語）「修行者たちよ、悪口は誰にとっても心地よいものではない」とブッダは六人の修行者を叱って、悪口をいわぬという学ぶべき戒を制定し、次の詩句を唱えた。

やさしいことばを口にせよ。けっして悪口をいうてはならぬ。やさしいことばを口にした者のために、牛は重い荷車をひいて財宝を得させ、それによって大いなる喜びを得たのである。

ブッダはこのように、やさしいことばをこそ口にすべきだといって、この教えを説かれ、過去世と現世の連絡をとって本生の昔と今を結びつけ「そのときのバラモンはアーナンダであり、ナンディヴィサーラはわたくしである」と話された。

⑬ **善哉善哉《ぜんざいぜんざい》、大士《だいし》、汝、今真にこれ大悲《だいひ》を行ずるものなり。衆生のた**

めの故によく捨てがたきを捨つ。諸の学人において第一勇健《ゆうごん》なり。

（本生譚《ほんしょうたん》・金光明経《こんこうみょうきょう》）

国宝法隆寺玉虫厨子《たまむしずし》の須弥座《しゅみざ》の正面には舎利供養図《しゃりくようのず》があり、左右の両側にはいずれも本生譚が描かれている。向って左は涅槃経聖行品《ねはんぎょうしょうぎょうぼん》の「施身聞偈図《せしんもんげのず》」であり、向って右は今ここに述べようとする、金光明経《こんこうみょうきょう》巻四捨身品《しゃしんぼん》第十七に説く「捨身飼虎図《しゃしんしこのず》」である。委細をのべる余裕がないので、中心となる話のあらすじだけ述べる。

その昔、マハーラタ（摩訶羅陀）という王があった。その王には、マハープラナーダ（摩訶波那羅）、マハーデーヴァ（摩訶提婆《まかだいば》）、マハーサットバ（摩訶薩埵《まかさった》）の三人の王子があった。

ある日のこと、三人の王子は園林《おんりん》へ出かけ、次第に奥深く進んで行きました。そしてたまたま七四の生まれたばかりの子を持つ虎に出あったのです。見るところ食べものがなく、飢餓《きが》にやつれ果てていました。

これを見て第一の王子は言いました。「可愛そうに、食べものがないんだね。きっと親は子を食べてしまうだろう」と。

みんなは何とかしてやりたいとしきりに考えましたが、第一の王子が言うには、「何といっても自分の身体以上に大切なものはないんだ」と。

第二の王子は言いました。「私は貪《むさぼ》りと惜しみのために、とても自分の身体を捨てることはできない」と。

じっと虎をみつめていた第三の王子は言いました。「私は、今や自分の身を捨てる時がきました。人間の肉体ほど汚れたものはありません。また身体は無常であり、朽ち果てるものです。私は今、この身体を捨てることによって寂滅《じゃくめつ》無上の涅槃《ねはん》を求めます」と。

二人の兄をかえして虎の所へかえったマハーサットバ（薩埵太子《さったたいし》）は、衣裳をぬいで竹林にかけ、自己の身体を抛《なげう》って虎の前に横たわりました。

しかし虎は王子の大悲の力のために何ごともしませんでした。王子は、「虎は今、やせ衰えて身体に力がない。そのために私の身体の血や肉を食べることができない」と考え、立ちあがって刀を探し求めましたが見あたりません。そこで乾いた竹をもって首をさし、血を出して崖の上から虎の前に身を投げました。その時、大地は六種に震動《しんどう》し、太陽は精彩《せいさい》を失ない、天からはいろいろな華《はな》や、種々の妙《たえ》なる香《かお》りが、雨の如く降りそそぎました。この時、空中に多くの天神があり、この様子を見おわって心に歓喜を生じ、讃歎《さんたん》して言いました——

「よいかな、よいかな。偉大な人よ。あなたは今、真実に大悲を実行したのです。衆生のために、よく捨てがたきを捨てました。もろもろの学ぶ人の中でも、第一に勇気ある人です（以上が標題にかかげた一文です）。あなたはすでに諸仏の讃《ほ》めたたえる常楽の住処を得たのです。久しからずして悩みのない、熱悩のない、清涼なる涅槃を証するでありましょう」と。

大地が震動し、太陽が精彩を失ない、いろいろな華や妙《たえ》なる香りが天から降ってきたので、二王子はすぐに園林にでかけ、そこに弟の衣服が竹林にかけられ、あたりに骸骨や髪や爪の散らばっているのを見て、気が遠くなり、身を骨の上に投げだして倒れましたが、やや暫くあって蘇生《そせい》し、天に向って慟哭《どうこく》しました。

王妃はそのころ眠っていて夢を見られました。乳がさけ、歯がおち、三羽の鳩のひなを得ましたが、そのうち一羽は鷹に食われるという夢でした。そして程なく下男が王子の消息を伝えました。王は王妃のことばを聞いて悶絶《もんぜつ》して嘆き悲しんだということです。

○

経は最後の偈のなかで、マハーラタ王はブッダの父、スドーダナ王。王妃はマーヤー。第一王子は弥勒《みろく》。第二王子は調達《ちょうだつ》（デーヴァダッタ）。虎はブッダの夫人。七人の子とは鹿野苑《ろくやおん》でブッダ成道後《じょうどう》、はじめての説法をうけた五人の比丘と舎利弗《しゃりほつ》、目連《もくれん》。そしてマハーサットバ（第三王子）こそ、ブッダの過去の姿であったと述べられています。

なおこの物語は、賢愚経《けんぐきょう》第一に「摩訶薩埵《まかさった》、身を以て虎に施すの品第二」にもある。

⑭ **諸行《しょぎょう》は無常《むじょう》なり、是《こ》れ生滅《しょうめつ》の法《ほう》なり、生滅滅《しょうめつめつ》し已《お》わりて、寂滅《じゃくめつ》を楽《らく》と為《な》す。**

（本生譚《ほんしょうたん》・涅槃経《ねはんぎょう》）

国宝法隆寺玉虫厨子《たまむしずし》須弥座《しゅみざ》の向って右が、第十三話に述べたところだが、向って左が今ここに述べようとする「施身聞偈図《せしんもんげのず》」である。その昔、小学校の国語の国定教科書に「修行者と羅刹《らせつ》」と題された文に相当する。涅槃経聖行品に収められている。

〇

その昔、仏が雪山《せっせん》（ヒマラヤ山脈）で修行していた時のことである。帝釈天《たいしゃくてん》はその修行者を見て、成程熱心に修行しているようだが、とても無上のさとりを得ようとは思えない。なるほど厳しい戒律をよく守っているようだが、果して深智《じんち》があるだろうか、一つ試してみよう、と。

そこで帝釈天は怖ろしい羅刹《らせつ》（悪鬼の通名、大力にして人を食すという）に姿をかえ、その修行者の前で「諸行《しょぎょう》は無常なり。是れ生滅《しょうめつ》の法なり」と叫んだ。この言葉を聞いた修行者は踊《おど》りあがって喜んだ。その喜びようがたとえで語られている――。けわしい山道を行く旅人が、伴《とも》とはずれて、しかも夜になった。そんな時、探していた伴《とも》にあったようだとあり、またながい病気に苦しんでいる人が、良医、良薬にあったようだとあり、また時化《しけ》の海で難破して漂流している人が船に出あったようだともある。

一体誰が説いたのだろう――とあたりを見まわしたが、人をとって食う羅刹《らせつ》がいるばかり。果してあの羅刹のことばであろうか、と疑ったが、あるいはと思って「過去、現在、未来の正道の半偈《はんげ》を説いたのはあなたですか」と。ところが羅刹は「そんなことは知りません。ともかく私はもう食べものをとらなくなって何日もなります。あちこち食を求めたが得られず、或は心乱れて何かを口ばしったか知らないが、私の本心の知るところではありません」と。修行者は言った「あとの半偈を教えて下さったら弟子になりましょう」と。羅刹が言う「いや、ともかくも食べものが欲しいのです」と。そこで修行者は「一体あなたは何を食べるのですか」羅刹が言う「人肉と、人の身体を流れる暖かい血です」と。

そこで修行者は「ではあとの半偈を教えて下さい。それを聞いたら、この身体をあなたに供養《くよう》しましょう。いずれは私にも命終《みょうじゅう》の時が来るのです。そして虎狼《ころう》に身は食べられてしまうでしょう。そう思うと、あとの半偈を聞いて無上のさとりが得られたら、これに越したことはありません」と。

しかし羅刹は「わずか八字のために、ほんとうにその身を私のために棄ててくれるのだろうか」と。

そこで修行者は「汝は無智なり」と冒頭して、真実の道を得ることの尊さを語ります。「つまらない瓦の土器と、七宝《しっぽう》の器をかえるようなものであり、朽《く》ち果つるこの身を捨てて不退転《ふたいてん》の金剛身《こんごうしん》を得るのである。あなたは一体そんなことが信じられるか、と言うかも知れないが、今ここに証人がある。大梵天王《だいぼんてんのう》・帝釈天《たいしゃくてん》・四天王《してんのう》は必ずその証人に立って下さる。また六波羅蜜《ろくはらみつ》を修行した菩薩《ぼさつ》たちが証人に立って下さる。私はその八字のために、この身命を捨てよう」と。

かくて羅刹は残りの半偈を説いた。

「生滅、滅し已《おわ》りて寂滅を楽と為す」と。

そこで修行者は心に大いに喜びを覚え、願いはみたされたので、いたるところの樹・石・壁・

道にこの偈を書きつけ、着ていた衣をぬいで高い樹の上に登った。

ところが樹神が言うには「こんな偈を聞いて、どれほどの価値があるのか」と。そこで修行者は――「この偈こそ、過去・現在・未来の三世の諸仏の教えたもうた正道である。私はこの法のために今身命《しんみょう》を捨てる。決して名聞《みょうもん》・利養《りよう》のためや、転輪聖王《てんりんじょうおう》・大梵天王《だいぼんてんのう》・四大天王・帝釈天や人天のなかの楽しみを求めてではない。ただ一切衆生を利益せんとするのみである」と。かくて樹下に身を投じた。

ところが身体が大地に着かぬまえに、羅刹は帝釈天の姿にかえって、修行者の身を受け、大地に安着させた。そして言った――

「すばらしいことです。まことの菩薩です。よく大いに衆生を利益して、この無明の闇に真実の灯を照らす人です。どうか片時も疑った私を赦したまえ。必ずや無上のさとりを得られるでしょう。その時は、この私を救って下さい」と。

○

「諸行《しょぎょう》」とは、この世のすべての作られたるものをいう。「無常《むじょう》」とは、移りかわり流れ去ってかた時も「不変」（常）なものとてはない。このことこそ、「生滅《しょうめつ》」生まれかわり死にかわり、くりかえす迷いの世界である。

この「生滅」つまり迷いの世界を越えた（滅する）ところ真実のさとりである「寂滅《じゃくめつ》」を真実の喜びとして受け取る世界があるのである。

私たちが日ごろ馴れ親しむ「いろは歌」、つまり「色は匂《にほ》へど散《ち》りぬるを、我《わ》が世《よ》誰《たれ》そ常ならむ、有為《うい》の奥山今日越えて、浅き夢見じ酔《ゑ》ひもせず」の典拠《てんきょ》は、この涅槃経の偈である。

⑮ 我れ、今、貧窮《びんぐ》なり、是の小灯をもって供養す。この功徳《くどく》をもって来世智慧の照しを得て、一切衆生の垢闇《くあん》を消除《しょうじょ》せしむ。

（賢《けん》愚《ぐ》経《きょう》・第三巻）


古来仏教経典を叙述の形式・内容によって十二に分類してこれを十二部経という。すなわち、経・応頌《おうじゅ》・偈頌《げじゅ》・感興語《かんきょうご》・如是語《にょぜご》・本生《ほんしょう》・方広《ほうこう》・未曽有法《みぞうほう》・因縁《いんねん》・論義《ろんぎ》・譬喩《ひゆ》・授記の十二である。その十一番目の譬喩（アヴァダーナ）とは、経典のなかで教理の本義を理解しやすからしめるために、譬喩や寓話《ぐうわ》をもって説明したものである。

今ここに掲げた賢愚経《けんぐきょう》は、国訳一切経（本縁部七）の解説によれば、河西の沙門釈曇覚《しゃくどんかく》、威徳《いとく》ら八人の僧が、于闐《うでん》（西域南道のオアシスの町、ホータン）で聴いたものを、仏教の栄えた高昌《こうしょう》（西域北道のオアシスの町）の大安寺で、宋の元嘉二十二年（四四五）訳したという。漢訳のほか、チベット訳、蒙古訳があるという。

今ここに述べようとするのは、よく知られた「貧者の一灯」の物語である。友松円諦氏の「仏教聖典解説」によると、この物語は漢訳阿含経《あごんぎょう》、パーリー文のニカーヤ、何れにも見当らないという。

○

お釈迦さまが祇園精舎《ぎおんしょうじゃ》におられた時のこと。一人の貧しいナンダ（難陀）という女性がいました。諸国の王を始め多くの人々が、仏さまを始め多くの僧に供養するのを見て思うには「私は過去世の宿業で貧しく生まれついた。たとえ仏にあっても善根《ぜんごん》を植えがたい」と。そう嘆き悲しんでいたナンダは、たとえわずかでも供養しようと決心して、終日行乞《ぎょうこつ》をして、やっとのこと一銭のお金を得ました。そこで油屋に行って、その金で油を求めたのですが、油屋の主人はこんなわずかの油で何をしようとするのですかと問うたので、ナンダは自分の思いを語りました。これを聞いた油屋の主人はあわれんで倍々増して油をわけてくれました。そこでやっと一灯を立てることが出来、たくさんの灯火の中に立てて仏に供養し「私は貧しいものですから、こんなささやかな灯しか供養できません。でも、この功徳《くどく》で来生には智慧の灯を得て、世の人々の垢闇《くあん》(やみ、まよいのこと)を除かせて下さい」(ここに掲げた文)と誓いました。

ところがその夜のこと、すべての灯火は消えてしまったというのに、このナンダの供えた灯火だけは、あかあかと輝きつづけました。

あくる朝のこと、仏弟子の目連が、なおも燃えつづけるこの灯火を見て「夜があけたのに灯火が燃えつづけるのは勿体《もったい》ない」と消そうとしましたが消えません。手であおいでも消えないので、衣であおぎましたが、それでも消えません。ところがそれを見ておられた仏さまは「この灯火は声聞《しょうもん》のあなたたちの手では消えないよ。たとえ、大海の水をそそいでも消えないよ。そのわけは、この灯火は多くの衆生を救おう、という仏心をもった人の施しだからだよ」と。

ナンダはその後再び仏さまのところにやってきて、うやうやしく頭面《ずめん》を礼拝いたしました。この時、仏さまは「あなたは来世、二阿僧祇劫《あそうぎこう》(時間の単位)のうちに必ず仏となるでしょう。名を灯光《とうこう》という」と。

これを聞いて喜んだナンダは、仏さまの前に跪《ひざまず》いて「出家させて下さい」とお願いし、許さ

れて比丘尼《びくに》となったということです。（阿闍世王授決経《あじゃせおうじゅけつきょう》に、ほぼ同じ話がある）

⑯ 今《いま》此の園地《おんち》は須達《すだ》の買う所にして、林樹《りんじゅ》・華果《けか》は祇陀《ぎだ》の所有なり、まさに祇樹給孤独園《ぎじゅぎっこどくおん》と号すべし。

（賢《けん》愚《ぐ》経《よう》・第十巻）

つづいて賢愚経《けんぐきょう》の一節である。祇樹給孤独園《ぎじゅぎっこどくおん》、略して祇園精舎《ぎおんしょうじゃ》建設の由来が述べられている。賢愚経巻十の四十八「須達《すだ》精舎を起すの品」だが、かなり長文なので概要をとって紹介する。

○

仏が王舎城《おうしゃじょう》の竹林精舎《ちくりんしょうじゃ》におられたときの話である。

サーヴァッチー（舎衛城《しゃえじょう》）の長者スダッタ（須達《すだ》）は非常な富豪であったが、また仁慈の心に富み、世の貧しい人々に施しをしたので、「給孤独《ぎっこどく》」と世の人は呼んでいた。その七人の男の子に、それぞれ妻を与え、最後の末子に嫁を求めていた。そしてあるバラモンに、よき配偶者はないかと問うた。バラモンは諸国を遍歴するので、ふさわしい人を探しましょうと約束した。

かくてバラモンが、マガダ国のゴミ（護弥）という大臣の家で行乞した時、自ら施物を持って出た娘がすばらしい美人であったので、大臣に、サーヴァッチーのスダッタ長者の息子が、よき妻を求めている、あなたの娘を妻にあげてくれませんか、と。かねてその名を聞いているスダッタの息子というので早速この縁談はまとまった。

スダッタは車に珍宝を積んで、ゴミ大臣の家を訪うたが、その日日没になると大臣自ら指揮して食膳の用意で大さわぎをしている。スダッタは、どなたがみえるのですかと問うと、仏と僧に供養するという。そしてゴータマ・ブッダ（釈尊）について初めて聞き知り、翌朝ブッダを訪ね、スダッタはブッダの教えに帰依するにいたる。

サーヴァッチーには、当時のインドの自由思想家である「六師外道《ろくしげどう》」こそおれ、ブッダの教は知られていなかった。そこでサーリプッタ（舎利弗《しゃりほつ》）を伴ってサーヴァッチーに帰ったスダッタは、ブッダに伝道の拠点《きよてん》となる精舎をたてて献上しようと考えて、サーリプッタに相談する。「街の中はさわがしいし、街から余り離れては行乞《ぎょうこつ》をならわしとするブッダとその僧たちが困る」というので、サーヴァッチーの祇陀太子《ぎだたいし》所有の地を求めたが、太子は容易にわけるとはいわない。そして「あなたのほしいだけの土地に金貨を敷きつめなさい」と冗談まじりに言った。富豪のスダッタは、早速車で金貨を運び、敷きつめはじめ、やがて一つの倉の金貨を悉く敷き、つぎにどの倉から出そうかと考えていると、祇陀太子は冗談のつもりで言ったので驚いて、「もうよい、この林園はあなたのものだ。ただこの樹木全部は私のものだから、二人協同して精舎をたて、仏に献上しよう」と申し出た。

ところがこの話を聞いた六師外道《ろくしげどう》たちは、この国の王や一般から厚い尊敬をうけていた人たちなので、ブッダの教がひろまることをこころよからず思い、仏弟子サーリプッタと術くらべをして、もしサーリプッタが勝てば精舎の建立を許そうと申し出た。それを聞いて悩んだスダッタに、サーリプッタは、心配ない、その術くらべに応じようと申し出た。

大王の前で両者の術くらべが始まった。六師外道の代表はロウドシャ(労度差)であった。

まずロウドシャは幻術をもって大衆の前に一本の樹木となり、次第に大きくなって樹は大衆を掩うた。大衆はおどろいた。ところがサーリプッタは神通力をもって大旋風をおこし、その樹を根こそぎ倒し、微塵に粉砕した。「サーリプッタが勝った」というどよめきがあがった。

こうしてつぎつぎロウドシャのあらわす幻術も、サーリプッタに打ち破られ、六師を調伏したサーリプッタと、スダッタによって、ブッダのための精舎ができた。そしてブッダは迎えられて、サーヴァッチーにいたり、精舎を前に言われたのが、ここに掲げた一文である。

「アーナンダよ、この園の土地はスダッタが購入したもの。そしてこの樹木や、その花や果実は祇陀太子《ぎだたいし》の所有で、二人共同して建てた精舎である。だから祇樹給孤独園《ぎじゅぎっこどくおん》と呼ぶがいい」と。

⑰ **「いかんが二十億耳《にじゅうおくに》、若《も》し琴絃急緩《ことげんきゅうかん》ならば、為《ため》に曲《きょく》をなすや、いなや」答えて曰く「いななり世尊《せそん》」と。**

（出曜経《しゅつようきょう》）

出曜経《しゅつようきょう》は竺仏念《じくぶつねん》が西暦三九八年から翌年にかけて訳したもので、僧叡《そうえい》の序に「出曜は旧に譬喩《ひゆ》と名づく。すなわち十二部経の第六部なり」とある。十二部経のアヴァダーナを出曜と訳したものである。

出曜経は法句経《ほっくきょう》（ダンマパダ）の文をあげ、それを解説するに譬喩をあげて説明するもので、法《ほっ》句譬喩経《くひゆきょう》に似ているが、組織・系統は異なる。

今ここにあげた文は、出曜経巻六の無放逸品《むほういっぽん》第四の二にあり「意《こころ》を専らにして放逸《ほういつ》なることなかれ。意《こころ》に能仁《のうにん》（釈尊のこと）の戒を習わば、終に愁憂《しゅうう》の苦なけん。念を乱さば、休息することを得んや」という句をあげて説明している。（国訳一切経本縁部十の一一五頁）

さてここに説かれた話は二十億耳にまつわる話である。この話は、経典のあちこちに散見せられるもので、中阿含経《ちゅうあごんぎょう》第二十九「沙門二十億経第七」(国訳一切経、阿含部五の一六九頁)にもある。

昔ビバシ(鞞婆尸)仏の時、衆僧を供養した因縁によって天に生じて楽を受け、足が地を踏まず、今生る時、足下に毛を生じていたので、その父が大いに喜んで二十億両を与えた。よってこの名があるという。チャンパー(マガダ国の東、アンガ国にあり)の大金持の子であった。のちマガダ国の王、ビンビサーラ王が、その足を見ようと王舎城に招いたのが機縁で仏弟子となった。

彼は懸命に努力精進した。しかし一向にさとれない。そこで彼は考えた――「仏弟子のなかでも勇猛精進《ゆうみようしようじん》という点では私は一番だろう。だけど真実のさとりには容易に達せられない。考えてみれば、私の家は大金持である。こんなに努力してもさとりが得られないのだから、この際出家《しゅっけ》を捨てて還俗《げんぞく》し、五欲のたのしみを楽しみ、そして貧しい人たちに施しをしよう」と。

ところがこのことを知られた仏陀は、二十億耳を呼んで訓戒されたのがこの言葉である。

かつて家にあった時、琴を楽しんでいた二十億耳に教えられるには、「琴の糸をうんときつくしたら琴は良い音色を奏でるか」と。二十億耳は答えた「いいえ、世尊」と。

仏陀は怠けること、つまり琴の糸の「緩《かん》」なのもいけないが、お前のように性急に、つまり「急《きゅう》」であってもいけない。緩急事《かんきゅう》のよろしきに従わねばならぬと諄《じゅんじゅん》々と教えられた。

⑱ **今無眼《むげん》の曹《ともがら》たるや、空諍《くうじょう》して自《みずか》ら諦《たい》という、一を覩《み》て余は非《あら》ざるなりという、一象《いちぞう》に坐して相怨《あいあだ》めり。**

（六《ろく》度《ど》集《じっ》経《きょう》）

法華経《ほけきょう》の文に「声聞《しょうもん》のためには応ぜる四諦《したい》の法を、縁覚《えんがく》のためには応ぜる十二因縁《いんねん》の法を、菩薩《ぼさつ》のためには応ぜる六波羅蜜《ろくはらみつ》の法を説く」という言葉がある。六度集経《ろくどじっきょう》の「六度《ろくど》」とは、六波羅《ろくはら》蜜《みつ》のことであり、菩薩たるものこの六度の行を修して生死海を渡るのである。六度、すなわち六波羅蜜とは、いうまでもなく布施《ふせ》・持戒《じかい》・忍辱《にんにく》・精進《しょうじん》・禅定《ぜんじょう》・智慧《ちえ》の六つである。

六度集経は、この六度の順に従って菩薩行に関する因縁を集めた本生譚《ほんしょうたん》である。ここ第八巻には最後の智慧行に関する本生で、八十九鏡面王経《きょうめんおうきょう》といって、鏡面王の本生が述べられている。いわゆる「群盲象《ぐんもうぞう》を摸《な》でる話」である。

○

その昔、仏が祇園精舎《ぎおんしょうじゃ》におられた時のこと、衆僧たちは朝の托鉢《たくはつ》に出かけたが、まだ早すぎたので外道《げどう》たちの集まる梵志《ぼんし》講堂《こうどう》に入った。ところが、外道たちは互いに論争しあっていた。云く「私は真実の法を知っている。汝はいかなる法を知っているか。私の知る所の法は真実の道にかなっている。汝の知る所の法は道にかなっていない。私の道はまさに実践に価するが、汝の法は実践に価しない。さきに述べるべきところが後になり、後に述べる所を先にしている。まことに道に外《はず》れている。だが汝のために道を説いても、所詮《しょせん》よく理解できまい。汝の理解はまことに空しく、得るところとてない」と。

こうしてお互いが論争しあっている様子を見た仏弟子たちは、帰ってそのことを仏陀に告げた。そこで仏陀は鏡面王《きょうめんおう》の本生を説かれたのである。

その昔、鏡面王は仏の道を学び智慧すぐれていたが、臣民は暗愚であったので、これを教えようと、国内の目の見えない人々を集めさせ、それぞれ象を摸《な》でさせた。そして一人一人に象とはどんな動物かとたずねた。

足をさわった者は竹筒《たけづつ》のようだといい、尾を持った者は箒《ほうき》のようだといい、尾のもとを持った者は杖《つえ》のようだといい、腹をさわった者は鼓《つづみ》のようだといい、脇にさわった者は壁のようだといい、背にさわった者は高い机のようだといい、耳を持った者は箕《み》のようだといい、頭をさわった者は魁《おやいも》のようだといい、牙《は》にさわった者は角《つの》のようだといい、鼻にさわった者は大きな綱のようだという。そしてそれぞれに、私の言うことこそほんとうだと譲らなかった、と。

それぞれ確かに一面の真理をふくんではいるが、象そのものから程遠い。さきの外道《げどう》たちの言う真理はまさにこの通りである、と教えられたのである。

仏陀はこうした相対的一面的真理を掲げて相争うことにきびしい批判を投げかけられている。このことはスッタニパータ（経集）のいたるところで指摘されている。

第八九三節には「自己の道を堅くたもって論じているが、ここに他の何びとを愚者であると見ることができようぞ。他の説を愚かである、不浄の法である、と説くならば、かれはみずから確執《かくしつ》をもたらすであろう」とある。

当時の外道たちのむなしい論争に対しては、第八七八節で「世の学者たちは、めいめいの見解に住みついて、互いに異なった執見《しゅうけん》をいだき、みづから真理への熟達者であると称し、種々に論ずる『このように知る人は真理を知っている。これを非難する人は完き人（如来）ではない』と。」

（いずれも中村元訳『ブッダのことば』より）

こうした相対的一面的真理を掲げて互いに論争しあう姿は、現代社会にも広く通ずる姿ではなかろうか。

なおここに掲げた一文の意は、無眼《むげん》の曹《ともがら》、つまり目の見えない人が、空しく言い争って自分こそ真実（諦《たい》）だといい、自己の立場（一）だけを見て他はまちがっているという。象によせて相怨《あいあだ》んでいる、という意である。

⑲ **世間《せけん》は皆貪欲《みなとんよく》・瞋恚《しんに》・愚痴《ぐち》の猛火《もうか》に焼炙《しょうせき》せらる。汝等往昔奉事《むかしぶじ》せる三火を既に絶棄《ぜつき》しぬ。此の外惑《がいわく》を除くも、今三毒《さんどく》の火尚猶《なお》身に在り。宜《よろ》しく速かに之を滅すべし。**

（過去《かこ》現在因果経《げんざいいんがきょう》）

過去現在因果経については第八話にすでに述べた。ここではウルヴェーラ・カッサパ（優楼頻螺迦葉《うるびんらかしょう》）・ガヤー・カッサパ（伽耶迦葉《がやかしょう》）、ナディー・カッサパ（那提迦葉《なだいかしょう》）のいわゆる三迦葉とその弟子たち合せて千人の弟子を教化された物語である。成道後《じょうどう》バラーナーシーでの初めての説法

（初転法輪《しょてんぼうりん》という）から間もないころ、仏教教団形成にとって重大な事件であった。いささか煩をいとわず、経典の説くところに耳を傾けよう。

○

ブッダがバラーナーシー（初転法輪《しょてんぼうりん》の地）からマガダに赴く途中、ウルヴェーラー・カッサパの住処に近づかれ、一夜の宿を乞われた。ウルヴェーラー・カッサパたち三兄弟は、事火外道《じかげどう》、つまり拝火教徒であった。

「どの房舎も弟子たちが住んでおり、火堂の石室しかあいていませんが、悪竜がいて害するでありましょう」と答えたがブッダは「悪竜がおってもよろしい、お借し下さい」と。なるほどブッダが火堂に入って結跏趺坐《けっかふざ》しておられると、毒竜が出てきて身体から烟《けむり》をはいて襲いかかる。そこでブッダは火光三昧《かこうざんまい》に入られた。竜は火焰《かえん》を吐き、火堂は焼けおちた。これをみたカッサパの弟子たちは、師のウルヴェーラー・カッサパに告げた。「若い沙門は竜火に焼き殺されました」と。そこで一同水をかけたが消えず、火堂は焼け尽きてしまった。

翌朝ブッダは、いとも健《すこや》かに、鉢の中に毒竜を置いて出てこられた。これを見て一同はブッダの神通にいたく驚きはしたが、我が道（事火外道）には及ばないと思った。

第二夜のこと、一樹下にあったブッダのもとに四天王《してんのう》が聴聞にやってきて、ブッダも四天王とともに光明を放たれた。翌朝カッサパはブッダに、昨夜光明を見たが火に事《つか》えておられたかと問うたが、四天王が聴聞にきたのだと答えられる。ブッダの徳に感じたカッサパだったが、いずれにしても我が道には及ばない、と思った。「我が道に及ばないと思った」という言葉が、前後二十二回くりかえされる。カッサパたちの教化が、いかにむつかしかったかを物語るものである。

第三夜は釈提桓因《しやくだいかんいん》（帝釈天《たいしやくてん》のこと）、第四夜は大梵天王《だいぼんてんのう》が聴聞にくるのである。

事火外道は、朝・昼・暮の三時に火を祀る。これを三火という。

カッサパの弟子が朝の祀《まつ》りをしようとしたが、どうしても火が燃えない。さてはブッダのしわざか、とカッサパが問うと、「行ってごらん、燃えていますよ」と。なるほど行ってみると燃えていたという。また祀りが終って火を消そうとしたが消えない。そこでカッサパがブッダのところへ行ってたずねると「行ってごらん、消えてますよ」と。その通りであった。

今度はカッサパが祀りをしようとした時、火は燃えず、また祀りが終って火を消そうとした火は消えず。ブッダにたずねると、いずれも「行ってごらん、燃えてますよ」「行ってごらん、消えてますよ」という次第であった。

またカッサパの弟子たち、ついでカッサパ自身が、薪《まき》を割ろうと斧《おの》を持ちあげようとしたが、斧が持ちあがらない。また今度は持ちあげた斧《おの》をおろそうとしたがおりない。いずれもブッダにたずねたが「行ってごらん、おりてますよ」と。ブッダの言われる通りであったという。

今度はブッダに供養《くよう》しようとカッサパがお招きしたところ、行ってみると、ちゃんとブッダが先に坐しておられて、南方遥か閻浮《えんぶ》州の閻浮果《えんぶか》という果物を、また次の日は東方遥か弗婆提《ほつばだい》州の菴摩羅果《あんまらか》を、さらに次の日は西方遥かな瞿陀尼《くだに》州の呵黎勒《かりろく》を、さらに次の日は北方遥かな鬱単越《うつたんのつ》州の粳米《もちごめ》の飯を鉢にいっぱい持っておられて、逆に食べなさい、とすすめられたという。

ブッダが水が欲しいと思われると、帝釈天が天から下って八功徳水《くどくすい》をたたえた池を掘り、ブッダが糞掃衣《ふんぞうえ》を洗濯しようとせられると、また帝釈大が下って大石槽《だいせきそう》を用意し、ブッダが池に入って沐浴《もくよく》され、あがろうとされると樹神《じゆしん》が、さっと枝をのべるという次第であった。

そんな時、カッサパはマガダ国の王を始めバラモン、長者、居士たち、カッサパを崇敬していた人たちを集めて、七日間の集会を開くことになったが、このかずかずの神変を現じた若き沙門《しやもん》(ブッダ)が居ては都合が悪い、と心に思った。その心を知られたブッダは、七日間北方の鬱単越《うつたんのつ》州に赴いておられ、七日して帰ってこられた。カッサパは、何処へ行っておられたのですか、と聞いたから、あなたがいない方がいいのに、と思っておられたのを知って、鬱単越へ行ってましたよ、と。

こんな風に、つぎつぎとブッダが神変を現ぜられたので、ついにカッサパは仏に帰依したいと申し出た。ところがブッダは、あなたにはたくさんの弟子がいるでしょう。弟子たちとよく話合ってきなさい、と言われたので、理由を述べて弟子たちに「我れ今便《すなわ》ち其の法に帰依《きえ》せんとす。汝等云何《いかん》」と。弟子たちも「尊者、若し必ず其の法を受けんと欲せば、我等も亦願わくば随従《ずいじゅん》帰依せん」と答えた。そこで今まで使っていた事火具《じかぐ》（拝火教の用具）をネーランジャラー河（尼連《にれん》禅河《ぜんが》）に捨て、一同仏に帰依した。

ところが、下流にいたガヤー・カッサパ、ナディー・カッサパの二人の弟は、上流から事火具の流れてくるのを見て奇異に思い、それぞれ二百五十人の弟子をつれて、兄のウルヴェーラー・カッサパのもとに赴いて、事情を知り、それぞれ弟子ともどもブッダに帰依することとなったというのである。

ここに三人のカッサパ（三迦葉《かしょう》）とその弟子千人を教化して、一同に教えられたのが、ここに掲げた一文である。

「世間はむさぼり（貪欲《とんよく》）、いかり（瞋恚《しんに》）、おろかさ（愚痴《ぐち》）の火に燃えている。幸いあなたたちは、事火外道の道は捨てた。だが心に燃える火を捨てねばならぬ」という意である。

○

この神通神変の物語は仏教々団の発展にとって重大な事件であったが、宮坂宥勝、金岡秀友氏ら密教系の人々は、これが密教の原初形態であると力説しておられる。（『釈尊―その行動と思想』ほか）

⑳ **仏云《いわ》く、愛欲は色より甚《はなはだ》しきはなし。色の欲たる、その大なること外になし。頼《さいわい》に一有るのみにて、仮《も》し其が二あらば、普天《ふてん》の民《たみ》能《よ》く道をなすものなからん。**

（四《し》十《じゅう》二《に》章《しょうきょう》経）

四十二章経というのは、高麗蔵版《こうらいぞうはん》所収の経の巻頭にある作者未詳の序文によると、後漢《ごかん》の孝明《こうめい》帝《てい》（西暦五八―七五在位）が夢に金人を見て、使者を遣わし、大月支国《だいげつしこく》に到ってこの経を書写せしめたものであるという。

隋の費長房《ひちようぼう》の『歴代三宝紀《れきだいさんぼうき》』によると、永平年中（後漢・孝明帝の時）洛陽の白馬寺において竺《じく》法蘭《ほうらん》と迦葉摩騰《かしようまとう》の共訳になるもので、「漢地経の祖」つまり漢訳経典の最初であるという。

中国への仏教伝来を伝えるものの一つに後漢書《ごかんじよ》「西域伝《さいいきでん》」がある。これによると――

後漢の明帝（孝明帝）が金人を夢みたが、それが仏であることを教えられたので、使者秦景《しんけい》を西域に派して仏法を求めしめた。ところが秦景は途中で白馬に仏像や経典をのせた梵僧迦葉摩騰《ぼんそうかしようまとう》・竺法蘭《じくほうらん》の一行に出会ったので、連れ帰って明帝に報告したところ大変喜ばれ、都洛陽の門外に白馬寺を建ててかれらを住まわせ、かれらはまた、ここにおいて四十二章経を訳出したという。

本書は平易な仏教入門書として広く愛読され、異本も十種あり、本文自体に増広の跡がいちじるしく、一部に中国での偽作とする説があるが、識者はこれをとらない。（国訳一切経解題・深浦正文氏）

本経は仏教倫理に関する四十二章ともいうべき内容で、苦・無常・無我の根本原理や、愛欲を断ち、慈悲・布施を説くべきを教えている。

○

ここに掲げたのは、その第二十二章である。色欲《しきよく》を戒める一節であるが、おもしろいのはその後半の句である。すなわち、色欲のように激しい人間の欲望はただ一つであるのが幸いで、もしこんな欲望が二つもあったら、世の人々のなかで真実の道を得るものは一人もなかろうというのである。

この経典の各章は、阿含《あごん》のなかに類似の文を見出すものが多く、小乗的であるが、一面慈悲《じひ》・忍辱《にんにく》・布施《ふせ》など大乗的要素も見られる。なかでも情欲・色欲については縷説《るせつ》されており、何らかの形でこれに触れているのは二十章から三十一章に及んでいる。

第二十七章には、身を慎んで女人を見ないようにせよ、たとえ欲心なく女人を見るようなことがあっても、語ってはならない。もし語ることがあっても、心を戒めて「我れは沙門《しゃもん》である。蓮華が泥に汚されないように、濁世《じょくせ》にあっても身を正しく保つことを思え」と。そして年老いた女性は母と思い、年長の女性は姉と思い、年下の女性は妹と思い「之を敬うに礼を以てせよ」と。そして心に不浄観《ふじょうかん》をもって色欲を制することを教えている。そして男女の根を断つとも、心を正しく保たぬかぎり益がないと極言されている。

そして第三十一章には、愛欲によって憂いが生じ、憂いによって畏《おそ》れが生ずるのであるから愛欲さえなければ憂いもなく、従って畏れもないと結論されている。

最近横井聖山氏の研究によると、本経は宋代以後、禅宗の人々によって日用経典視され、仏祖三経の一つとなったことが明らかにされている。

㉑ **汝ら比丘《びく》、我が滅後《めつご》において、まさに波羅提木叉《はらだいもくしゃ》を尊重珍敬《そんじゅうちんけい》すべし。闇《あん》に明《みょう》に遇《あ》い、貧人《ひんじん》の宝を得たるが如し。まさに知るべし、これは則ちこれ汝が大師なり。**

（遺《ゆい》教《ぎょう》経《きょう》）

遺教経《ゆいぎょうきょう》は、正しくは「仏垂般涅槃略説教誡経《ぶっすいはつねはんりゃくせっきょうかいきょう》」という。冒頭に、

「釈尊は成道後最初の説法で阿若憍陳如《あにゃっきょうじんにょ》をさとりに入らしめ、以後四十五年、最後の説法で須《す》跋陀羅《ばっだら》を教化された。このように、すでに救うべきものはすべて救い終って、沙羅双樹《さらそうじゅ》のもとで、今入寂《にゅうじゃく》されようとしている。まさに中夜（夜半十二時ごろ）、寂然《じゃくねん》として声なし。多くの弟子たちのために要をもって教を説きたもうた」（意訳）

とあるように、ブッダ釈尊がいよいよ入寂に際しての説法である。その説法のはじめに、ここに掲げた一文がある。

波羅提木叉《はらだいもくしゃ》とはプラーティモークシャという梵語の音写で「戒本」のこと。比丘、比丘尼（男女の出家）となる時に受け、その後守られねばならぬ戒の条目である。わかりやすく云えば「戒律」である。

この経典は短かい経典であるが、以下この戒律を守ること、別な言い方をすると、身の処し方について詳しく述べられている。さらに一言もって蔽《おお》えばセルフ・コントロールということに尽きるとも言えよう。

正しく身を処することが、暗闇《くらやみ》で明《あか》りを得、貧しい人が宝を得たようなものであり、「汝が大師なり」、つまり正しく身を処することが自己の大いなる指導者であると述べられてある。つづいて「もし我れ世に住《とど》まるとも此《これ》に異なること無からむ」つまり今ブッダは入寂しようとしておられるが、仮りにこのまま世に在ったとしても、このことに変りはない、とさとされているのである。

では経典は、この戒を持つということ、正しい身の処し方について具体的に、どう教えているであろうか。

まず世間のことについて、商売・土地・人民・奴婢《ぬひ》・畜生を貯えるなど、財宝から遠ざかること。また薬の販売、家相運勢を見るなど営利的行為を禁じ、規律正しい生活をして、端正に生き、供養《くよう》を受けるにも量を知ることを忘れるな、とある。こうした正しい生活によって、禅定《ぜんじょう》・智慧《ちえ》が生まれることを教え、戒こそ第一安穏功徳《あんのんくどく》の住処《じゅうしょ》であると結ぶ。

さらに五欲を制し、放逸《ほういつ》になるな。よく心を制せよ。食物に多欲になるな。昼夜努力して怠けと睡眠をむさぼるな。瞋《いか》りを制せよ。こびへつらいを避けよ、などなどである。

そして出世間的には、少欲、知足、人里離れた空間に独居し、つとめて精進《しょうじん》・念力《ねんりき》、つまり一心に意識を集中し、禅定《ぜんじょう》・智慧《ちえ》を求め、ムダなおしゃべり、つまり戯論《けろん》を避けよ、と教えられている。

なかで一節興味ふかいのは、「汝等比丘、自ら頭を摩《な》づべし」である。坊さんたちよ、頭をなでてみなさい、というのである。何のために頭を丸めたのか、以下色のはげた衣を着、鉄鉢《てっぱつ》をもって仏道修行するのか、よく考えてみよ、というのである。

「すでに飾好《しょっこう》を捨て、壊色《えじき》の衣を着し」とある。身に飾りをつけず、青・赤・黄・白・黒などというようなハッキリした色はさけ、間色《かんしき》の衣を着るのが比丘のならいである。木蘭色《もくらんじき》を如法色《にょほうしき》といって、緋《ひ》の衣や金襴《きんらん》の袈裟《けさ》など、もってのほかなのである。

最後に阿㝹楼駄《あぬるだ》を代表とする比丘たちに、くりかえし説法され「今より已後《いご》、わが諸の弟子、展転《てんでん》して之を行ぜば、即ちこれ如来の法身《ほっしん》、常に在ってしかも滅せざるなり」とある。ブッダの入滅の最後の言葉として、法身《ほっしん》の常住《じょうじゅう》が説かれていることは意義ふかい。真如法性《しんにょほっしょう》の理を法身というのである。

㉒ ここに一人あり。曠野《こうや》において悪象《あくぞう》の追う所となり、怖《おそ》れ走れども、依《よ》るべきものなし。たまたま一つの空井戸《からいど》あり、傍《かたわら》に樹《き》の根《ね》あるを見、すなわち根を尋《たず》ねて下《くだ》り、身を井戸に潜《ひそ》む。

(仏《ぶっ》説《せっ》譬《ひ》喩《ゆ》経《きょう》)

大正新脩大蔵経《たいしょうしんしゅうだいぞうきょう》第四巻、本縁部《ほんえんぶ》下の末尾に近く、わずか五百字余りのごく短い、仏説譬喩経《ぶっせつひゆきょう》がある。唐代の三蔵法師義浄《さんぞうほうしぎじょう》(七一三没七九歳)の訳。大要次の通りである——

その昔、仏さまが舎衛城《しゃえじょう》の祇園精舎《ぎおんしょうじゃ》にいらっしゃった時のことです。仏さまが舎衛城の城主、波斯匿王《はしのくおう》にこうおっしゃいました。

大王よ、私はこれから一つの譬《たと》えを説こう。人生の生死《しょうじ》について深く考察されるがいい、と。

王よ、あきらかに聴き、深く思念せよ――

その昔、ひとりの人があった。広い曠野《こうや》で狂った象に追われ、依るべきところとてない。たまたま一つの空井戸《からいど》があり、そばに樹の根のあるのを見、その樹の根をたよって、井戸の中におり、中にひそんでいた。ところが、黒と白の二匹のネズミがやってきて、樹の根をかじりはじめ、あたりには四匹の毒蛇、井戸の底には毒竜がいて、口をあけて呑みこまんばかりである。あたりの四匹の毒蛇や、井戸の底の毒竜をおそれたがどうしようもなかった。

ところが、さきの樹の根には蜂の巣があり、樹の根が揺らぐたびに蜂は散ってこの人を刺そうとした。さらに野火がひろがってきて、その樹が燃えはじめた。

ところが、フト気付くと、その蜂の巣からポトポトと蜂蜜が、ちょうどその人の口に落ちてくるではないか。甘い蜂蜜を口にしたとたん、あらゆる憂い、怖れ、苦しみ、悩みを忘れ、ただもう蜂蜜に夢中であったという。

大王よ。この蜂蜜の甘さに溺れたこの人は、自分の置かれた環境をすっかり忘れてしまっているのである。まことに憐《あわ》れむべきことではないであろうか、と。

○

ところが、世の人々の姿もこれとかわらない。人々がはかない楽しみに夢中になって、身にせまる真のおそろしさを忘れてしまっているのを譬えたのである。

曠野《こうや》というのは、迷いに満ちたこの人生の暗闇《くらやみ》をたとえ、象とは無常であり、井戸はこの世の生死《しょうじ》を意味する。その生を托している樹の根は命であり、二匹のネズミとは昼夜、樹の根をかじるというのは、念々の生滅《しょうめつ》である。四匹の毒蛇は、地・水・火・風の四大《しだい》、蜂は邪念、火は老病である。そして蜂蜜とは五欲で、毒竜とは死である、と。

だから大王よ、生老病死は最もおそるべきで、常に深く思いをいたし、五欲に溺れてはならないのである、と。（以下重説の偈）

○

今、ここに、かく生きている、この「生」が、いかにはかなく、もろいものであるか、ということについて、仏教は言葉のかぎりをつくして説きすすめている。にもかかわらず、我々は事にあたってはじめて、いやという程思い知らされるが、平素はいかに言われようが、ただ頭でこそ理解するが、切実に感ずることはまずない。

「昨日まで他人《ひと》のことだと思いしに、俺が死ぬとはこいつたまらん」（太田蜀山人）という狂歌など、最も率直に、この間の人間の機微を表現している。

この「生」というもののはかなさを、くりかえし説く仏教経典のなかでも、ここに語られる譬喩は最もすさまじいまでにきびしい。

この人生の迷える暗闇《くらやみ》（曠野）で、死（狂象）に追われた人間が、はかない生命（樹の根）をたよりに、この「生死」（空井戸）に身をよせている。だが自分の生を托した生命（樹の根）は、昼夜（黒白のネズミ）に嚙《か》まれているのである。地水火風の四大（四匹の毒蛇）にかこまれ、下には死（毒竜）が待ちうけ、あたりは老病（火）がしのびより、邪念（蜂）のとりことなっている。もはや救いの道はないのである。まさにそんな時に、五欲（蜂蜜）に溺れて、何もかも忘れている――というのである。

法華経譬喩品《ひゆほん》で燃える家（三界火宅）のなかで遊びほうけて「驚かず、怖れず、出づる心なし」と言われた言葉さながらに、愛欲の広海に沈没しつつあるのが、我々の姿ではなかろうか。

㉓　常に夫《おっと》のために思い、母が子になす如く夫を護《まも》り、それより彼の貯《たくわ》えたる財《ざい》を護《まも》る。男子に対するかくの如き妻は、母なる妻と云わる。

（玉《ぎょく》耶《や》経《きょう》）

ここに掲げたのは、増支部《ぞうしぶ》経典（南伝第二十巻第七集）の文である。漢訳では玉耶経《ぎょくやきょう》に相当する。漢訳では、このほか玉耶女経《ぎょくやにょきょう》があり、増一阿含経《ぞういちあごんぎょう》五一・九の異訳にあたるが、なかでもここに掲げた南伝と増一阿含経の文が最も簡明である。

ここでは漢訳玉耶経によって解説する。仏陀に祇園精舎《ぎおんしょうじゃ》を奉献した舎衛《しゃえ》国《こく》の長者、須達多《すだった》が、自分の子に妻をめとらせた。ところが、その嫁は長者の娘、そして美貌を誇って高慢で、舅《しゅうと》、姑《しゅとめ》、そして夫に対しても嫁らしくかしづかないので、親夫婦は相談のうえ、仏陀に教誨《きょうかい》してもらおうということになり、仏陀をその家に招いた。

仏陀が須達多《すだった》の家に赴いたが、誇り高い嫁の玉耶《ぎょくや》は出てこようともしない。そこで仏陀は神変を現ぜられ、その不思議にひかれて仏陀の前に現れた玉耶に諄々《じゅんじゅん》と教誨《きょうかい》され、ついに玉耶は十戒を授けられて、優婆夷《うばい》（女性の在家の信者）となったというのである。

増支部《ぞうしぶ》経典と、増一阿含経《ぞういちあごんぎょう》は七種の妻の話だけで終っているが、玉耶経では、まず女人の十事を説き、五善三悪を説き、しかる後に七種の妻について述べられている。

まず「女人の身中には十の悪事あり」とて、女性にとってよくないことが十あるという。生まれた時から親が喜ばない。育ててもやさしさがない。いつも人を畏《おそ》れている。親が嫁にもらってもらうについて心配がたえぬ。親には別れねばならぬ。夫の顔色を見てすごす。お産の苦しみがある。若くして親に従う。長じて夫に従う。老いては児に従う。以上の十のよくないことがあるという。

次に五善三悪、つまり女性の心得である。五善とは、早く起き、遅く寝、衣服を整え、心つねに恭順《きょうじゅん》、おいしいものがあっても先にたべない。夫に叱《しか》られても恨《うら》まない。夫にまごころを尽くして、他の男を思わない。夫の長寿を祈り、不在中は家の整頓をする。夫の善を思って悪を思わない。

次に三悪とは、夫に対する妻の礼を守らず、うまいものを食って遅く起き、早く寝る。他の男に心を走らす。夫が早く死んで、他人のところに再婚することを願う、というのである。

次に七種の妻のあり方をいう。その七種とは、母の如し、妹の如し、善知識《ぜんちしき》の如し、婦の如し、婢の如し、怨家《おんけ》の如し、奪命《だつみょう》の如しの七種を言う。七種の妻に関して、玉耶経は大変詳細に述べているが、南伝はきわめて簡潔であり、また若干内容を異にしている。南伝によると、殺人者なる妻、盗賊なる妻、支配者なる妻、母なる妻、姉妹なる妻、友人なる妻、婢《はしため》なる妻の七種となっている。その説明によると――

夫のためを思わず、他の男に心を移し、夫を殺さんと望む、殺人者なる妻。

夫の努力して得た財を奪い取ろうとする、盗賊なる妻。

仕事を好まず、懈怠《けたい》・大食・粗暴《そぼう》で勤勉なる夫を圧伏する、支配者たる妻。

母が子になす如く、夫とその財産を守る、母なる妻。

妹が姉を尊敬するように、夫を尊敬する、姉妹なる妻。

久しくあわなかった友が来たのを見て喜ぶように、夫に対する、友人なる妻。

たとえ杖で打たれても瞋《いか》らず、怒《いか》りなく夫に従順な、婢《はしため》なる妻。

○

最後に玉耶は今後改心して「婢《はしため》なる妻」となると仏陀の前に誓い、不殺生《せっしょう》・不偸盗《ちゅうとう》・不邪婬《じゃいん》・不飲酒《おんじゅ》・不妄語《もうご》・不罵詈《めり》・不綺語《きご》・不嫉妬《しっと》・不瞋恚《しんに》・仏法僧の三宝を信ずる・という十戒を授けられ優婆夷《うばい》になったという。

現代ウーマン・リブの時代に、そぐわぬかの点もあるが、女性の徳について述べられた珍しい経典である。

㉔ **仏説きたもうに七種施あり、財物《ざいもつ》を損《そん》せずして大果報《かほう》を獲《え》ん。眼施《げんせ》・和顔悦色施《わげんえつじきせ》・言辞施《ごんじせ》・身施《しんせ》・心施《しんせ》・床座施《しょうざせ》・房舎施《ぼうしゃせ》なり。**

（雑《ぞう》宝《ほう》蔵《ぞう》経《きょう》）

雑宝蔵経《ぞうほうぞうきょう》は、本縁部《ほんえんぶ》に属する経典で、十二部経の分類によれば、譬喩《ひゆ》（アヴァダーナ）に属する。諸種の因縁《いんねん》・譬喩《ひゆ》・本事《ほんじ》・本生《ほんしょう》等の諸経ならびにその他の物語を集めた雑集経《ざっしゅうきょう》である。冒頭にラーマーヤナ物語（インドの代表的叙事詩）の十奢王《じっしゃおう》や、羅摩《らま》王子のこと、また那先比丘《なせんびく》とギリシャ人ミリンダ王との問答。さらには仏滅後四百年のカニシカ王の問答などが載せられていて、そのころ以後に北インドで集録成文されたものと考えられる。撰集百縁経《せんしゅうひゃくえんきょう》や賢愚経《けんぐきょう》と一類のものである。

これは雑宝蔵経《ぞうほうぞうきょう》巻六・七十六に「七種施《ひちしゅせ》の因縁」と題した短かい一節がある。「無財《むざい》の七施《ひちせ》」

として広く知られるものである。

「布施《ふせ》」とは施《ほどこ》しであるが、ここでは無財、すなわち「もの」を施すのでなく、いわば「態度」によって大果報が獲《え》られるというのである。

第一は眼施《げんせ》である。「好眼をもって父母・師長・沙門《しゃもん》・婆羅門《ばらもん》を視るに悪眼を以てせず」とある。眼は口ほどに物を言い、と俗にも言うように、「やさしいまなざし」で人に接することである。

第二は和顔悦色施《わげんえつじきせ》である。和顔《わげん》とは、いつもにこやかであること、つまり寛容をあらわす。「笑顔で接せよ」ということである。無量寿経巻上にある「和顔愛語《わげんあいご》」ということばが広く知られている。やわらかな顔色とやさしいことばである。

第三は言辞施《ごんじせ》である。「やさしい言葉で接せよ」ということである。法華経方便品《ほうべんぼん》に「言辞柔軟《ごんじにゅうなん》にして衆の心を悦可《えつか》せしむ」とある。仏の徳を述べたもので、やさしい言葉で多くの人心を悦ばせる、という意味である。複雑な人間社会で言葉の持つ意義は大きい。

第四は身施《しんせ》である。「起《た》ち迎えて礼拝す」とある。人の行動による施しである。いわばボランティアの活動である。身を惜しまず社会に奉仕することである。

第五は心施《しんせ》である。「上の事を以て供養すといえども、心和善《わぜん》ならずんば名けて施となさず」とある。さきに述べた眼施・和顔悦色施・言辞施・身施も、心から行わなければ、それは「施」といえないというのである。いわば「まごころ」をこめて以上のことをすることである。

第六の床座施《しょうざせ》である。「為に床座を敷いて坐せしめ、乃至自らすでに自ら坐せるところを以て請い坐せしむるなり」とある。率直に言えば「席をゆずる心」である。電車の中で老人や身体の不自由な人に席をゆずってあげることである。何でもないことのようで、なかなかむつかしいことである。

第七は房舎施《ぼうしゃせ》である。「屋舎《おくしゃ》の中に行来坐臥《ざが》することを得せしむ」とある。

戦後の混乱した世の中だった。浮浪者風の人が一宿一飯を求めてわが家へ来た。自転車どろぼうで堺の刑務所を出所したばかりだという。当時梅田に厚生館があって、民生委員や区役所の証明で宿泊できる設備があったが、折から五月の連休で、手続きがとれないという。座敷に客用ブトンで寝かせてあげた。

その人は、このことが大変うれしかったのだろう。以来その人と何十年のつきあいが出来、そのころ大掃除だとか何か人手のいる時には、必ずといっていいほど手伝いに来てくれた。房舎施《ぼうしゃせ》とは、つまり一宿一飯をさしあげることである。

施し、というと何か施すものがなければならぬと考えるが、そうではない、何もなくても出来る施しがあるということを教えている。

○

㉕ **ここにおいて、父母《ぶも》現《げん》には安穏《あんのん》に住《じゆう》し、後《のち》には善処《ぜんしょ》に生じ、仏を見、法を聞いて長く苦輪《くりん》を脱《だつ》せん。かくの如くにして、始めて父母の恩に報ずる者となすなり。**

（父《ぶ》母《も》恩《おん》重《じゆう》経《きよう》）

父母恩重経《ぶもおんじゆうきよう》は経典の内容、形式等から中国で作製された偽経《ぎきよう》であるとされている。ところが我国では非常に流布し、多くの註釈が作られ、日本文学作品のなかでも、しばしば引用される経典である。

大正新脩大蔵経所収のものは、近年敦煌《とんこう》千仏洞で発見されたもので、この経には異本が多く、「大報父母恩重経《だいほうぶもおんじゆうきよう》」のような朝鮮流布本もある。儒教的に変容された仏典の一つで、中国・日本の仏教受容の態度を知る資料として重要である。

「母の懐《ふところ》を寝処《ねどこ》とし、母の膝を遊場《あそびば》とし、母の乳を食物とし、母の情《なさけ》を生命《いのち》とする。飢《う》えたる時、食を需《もと》むるに母にあらざれば哺《くら》わず。渇《かわ》く時、飲を索《もと》むるに母にあらざれば咽《の》まず。寒き時、服を加うるに、母にあらざれば着ず。暑き時、衣を撮《さ》るに、母にあらざれば脱《ぬ》がず。母飢《う》えに中《あた》る時も、哺《ふく》めるを吐《は》きて子に啗《くら》わしめ、母寒さに苦しむ時も、着たるを脱《ぬ》ぎて子に被《こう》むらす。母にあらざれば養われず、母にあらざれば育てられず、その闌車《らんしゃ》（乳母車）を離るるに及べば、十《じゅっ》指《し》の甲中《こうちゅ》（つめのなか）に子の不浄を食う。計るに人々母の乳を飲むこと百八十斛《こく》となす。父母の恩重きこと天の極りなきが如し」

母の子育ての苦労を叙述する初めの方の一節である。このように事細かに、きわめて具体的な表現で、生まれたばかりの乳児から、二歳、三歳、さらに成長するに及んでの、母親の子育ての苦労が述べられていき、今度は結婚してからの、一転して子の親不孝が、また具体的に表現されている。

嫁をもらったら、嫁とばかり話して、父母を疎遠《そえん》にし、父母が老齢になると子供だけが頼りなのに、あいさつ一つせず、また父母のどちらかが先立って、一人淋しく過していても、まるで宿に泊っているようで、恩愛の情もなく、談笑のたのしみもない。それのみか、急な用事があって呼んでも、十度に九度はまちがい、あげくの果ては「老いぼれて残るより、早く死んだ方がよい」などと罵《ののし》るにいたる。親は、はじめからこんな子は産まねばよかったと嘆くにいたる。こんな言葉を親に吐《は》かせるようでは、三悪道《さんなくどう》（地獄《じごく》・餓鬼《がき》・畜生《ちくしょう》）に堕ちること必定。しかも一切の如来《にょらい》・金剛天《こんごうてん》・五通仙《ごつうせん》も、これを救い護ることが出来ない、という。

かくて父母の十種の徳が説かれる。そこで阿難は、こんなに重い父母の恩をいかに報いたらいいのかと問う。

仏は、父母の報恩という一事は、在家出家の別がないと前置きして、まず日常生活の衣食住に事欠かぬようにすること。例えば、外出して甘いおいしい果物があったら買ってきて父母に供養しなさいと教えられている。

次に父母が病気になったときの心がけが述べられる。そこで阿難が、こんな風にすればいいのですね、と問うと、仏は、まだまだ、と第三の道徳的・精神的な面を教えられる。つまり父母が道に外《はず》れた行動をした時には、諄々《じゅんじゅん》と説き「啓悟《けいご》」つまりその過ちを悔いるようにし、五戒を守るようすすめよ、とある。

父母がその非を悔い、五戒を守るようになれば、家庭は円満となり、十方諸仏・天竜鬼神・有《う》道《どう》の君《きみ》・忠良の臣から一般の人々までが敬愛するようになり、畢竟《ひっきょう》「父母はこの世で安穏であるばかりでなく、死後も善いところに生まれ、仏を見、法を聞いて、生死輪廻《しょうじりんね》、生まれかわり死にかわり迷いの生をくりかえす世界を脱するにいたるだろう。かくてこそまことの父母への報恩となるのである」(ここに掲げた文の解釈)と教えられる。

さらに、いかに物質的に供養しても「もしいまだ三宝を信ぜざらしめば、なおもって不孝となす」父母を三宝帰依《きえ》にみちびくことがいかに大切かを述べられている。

㉖ 仏、善現《ぜんげん》に告げたまわく、汝の問う、云何《いかん》がまさに菩薩摩訶薩《ぼさつまかさつ》の大乗相を知るべきや、とは、いわゆる六波羅蜜多《ろくはらみった》はこれ菩薩摩訶薩の大乗相なり。いわゆる布施波羅蜜多乃至般若波羅蜜多《ふせはらみったないしはんにゃはらみった》なり、と。

(大《だい》般《はん》若《にゃ》経《きょう》)

大乗仏教は、いつ、どうして生まれたか、古来多くの論義をよんできた。仏滅百年のころ、保守的な上座部《じょうざぶ》と、進歩的な大衆部《だいしゅうぶ》にわかれ、部派仏教《ぶはぶっきょう》の時代に入るが、その大衆部系統の思想の発展したものが大乗仏教であるという古来の説に対して、最近では仏塔信仰を中心とした在家信者たちの運動が発展して大乗仏教となったという説が有力である。

その大乗仏教初期に成立したのが般若系の経典で、それら般若系の経典を、のち集大成して翻訳したのが唐の時代の玄奘三蔵《げんじょうさんぞう》（西遊記の主人公三蔵法師）で、それが六百巻の大般若経である。

（第一会）一―四〇〇巻、（第二会）四〇一―四七八巻（大品《だいぼん》般若経）、（第三会）四七九―五三七巻、（第四会）五三八―五五五巻（小品《しょうぼん》般若経、梵本の八千頌《じゅ》般若経に相当する）、（第五会）五五六―五六五巻、（第六会）五六六―五七三巻、（第七会）五七四―六〇〇巻、となっている。

ここに掲げた一文は、大般若経初分弁大乗品《べんだいじょうぼん》の一節である。大乗の顕著な特色は、ここにもあるように「菩薩摩訶薩《ぼさつまかさつ》」つまり菩薩乗が大乗であり、その修行道として六波羅蜜（多）を強調するところにある。

大品般若経の「摩訶衍《まかえん》（大乗の意）品《ぼん》」にも「いわゆる菩薩の大乗とは、この菩薩乗、これ大乗なり。一仏国より一仏国にいたり、仏国土を浄む。……これを菩薩乗と名づく。この乗は、一《いっ》切種智《さいしゅち》を得おわりて、法輪を転ず。声聞《しょうもん》・辟支仏《びゃくしぶつ》、および天竜・鬼神・阿修羅《あしゅら》・世間・人民の転ずる能わざるところなり」とある。

ここに掲げた文のはじめにある「善現《ぜんげん》」とは、須菩提《しゅぼだい》のこと。須菩提、梵語でスブーティは、仏陀の十大弟子の一人、他人と争うことがなかったので「無諍《むじょう》第一」とも、また多くの人々から供養をうけたため「被供養《ひくよう》第一」ともよばれ、何よりも般若系経典で最も活躍する「解空《げくう》第一」の人であった。

波羅蜜多、または波羅蜜は同義で、パーラミター、またはパーラミーの原語による。さとりにいたる、という意。到彼岸《とうひがん》とも訳され、また「度」とも訳される。六度集経《どくどじっしょう》の度であり、渡と同義で、まよいの此岸から、さとりの彼岸へ「渡る」、つまりさとりの岸にいたるという意である。

(1)布施波羅蜜《ふせはらみつ》（檀那波羅蜜《だんなはらみつ》）

布施の「布」は普《あまね》くひろく行きわたる意。「施」はいうまでもなく施しである。これには、物資を施す財施《ざいせ》と、法を説いて人に聞かせる法施《ほうせ》と、何ものをも畏れぬ力を与える無畏施《むいせ》がある。

(2)持戒《じかい》波羅蜜（尸羅《しら》波羅蜜）

戒を受持すること。

(3)忍辱《にんにく》波羅蜜（羼提《せんだい》波羅蜜）

耐え忍ぶこと。怨敵《おんてき》をもあわれむ耐怨害忍《たいおんがいにん》と、寒熱等の法を忍ぶ安受苦忍《あんじゅくにん》、諸法の不生不滅の道理を諦察して、心に妄動なき諦察法忍《たいさつほうにん》（または無生法忍《むしょうぼうにん》）の三つがある。

(4) 精進《しょうじん》波羅蜜（毘梨耶《びりや》波羅蜜）

勇猛に善法を修し、悪法を断ずる、つまり「つとめはげむこと」である。

(5) 禅定《ぜんじょう》波羅蜜（禅那《ぜんな》波羅蜜）

禅はパーリ語のジャーナの音写。その意味は坐禅をして心を一点に集中する宗教的瞑想で、「定《じょう》」（訳語）である。故に禅定とは、音訳と義訳を併せた言葉である。

(6) 智慧波羅蜜（般若波羅蜜）

般若はプラジュニャーという梵語の音写で、智慧である。一切諸法の実相を照らす菩薩の智慧をいう。

小乗では自己の救済に終始し、その目標が阿羅漢《あらかん》であったのに対し、大乗仏教では、まず布施をあげて利他を強調する。

なお大般若経第七会には、六波羅蜜の一々をあげてこれを説いている。すなわち、布施波羅蜜分（五七九―五八三巻）、浄戒《じょうかい》波羅蜜分（五八四―八巻）、安忍《あんにん》波羅蜜分（五八九巻）、精進《しょうじん》波羅蜜分

（五九〇巻）、静慮《じょうりょ》波羅蜜分（五九一―二巻）、般若波羅蜜分（五九三―六〇〇巻）である。

㉗　**我等この殊勝《しゅしょう》の善根《ぜんごん》によりて、願わくば当来世《とうらいせ》に、必ず如来応正覚《にょらいおうしょうがく》を成《じょう》ぜんことを。我等この殊勝の善根によりて、願わくば当来世に菩薩道を精勤《しょうごん》修学せん時、深法門《じんほうもん》に於て通達《つうだつ》し無碍《むげ》なること、今の大師法涌《ほうゆう》菩薩の如くならんことを。**

（大《だい》般《はん》若《にゃ》経《きょう》）

ここに掲げた一文は、大般若経のなかでも有名な、常啼菩薩《じょうたいぼさつ》の発願文《ほつがんもん》である。常啼菩薩の物語を、かいつまんで述べてみよう。大般若経の第一会（一―四〇〇巻）の終りにある「初分常啼菩薩品」により、八千頌《じゅ》般若経（中央公論社刊『大乗仏典』）を参照しながら述べる。

○

「須菩提《しゅぼだい》よ、常啼菩薩《じょうたいぼさつ》は、今大雲雷音仏《だいうんらいおんぶつ》のもとで修行を行っておられるが、もし般若の智慧を得ようと思うなら、常啼菩薩が般若の智慧を求めて修行したように修行すべきである」と。

これに対して須菩提が「常啼菩薩はどんな風に般若の智慧を求めて修行されたのですか」と仏に聞くところからこの話ははじまる。

静かなところにあって修行中の常啼菩薩に突然声があった――。このところから東に行け。東西南北、上下左右を顧みず、まっしぐらに東へ行け。あらゆる仏法の教えにこだわらず、まっすぐに行け。そうしたならば、般若の智慧を得るだろう、と。

この声を聞いて喜んだ常啼菩薩は、さらに空中の声に励まされ、さとされ、東に向って歩みはじめた――。が、東方の何処へ行くのか、誰に教えを乞うのかも聞きただささず、思いあまっていたところ、突然「仏像」が目の前にあらわれて、ここから東行五百由旬《ゆじゅん》（距離の単位）行くと、妙香城《みょうこうじょう》がある。その街という街はすばらしく、七宝で飾られた城壁の中に自然の流れがあって、高貴な芳香を放っている。街の周辺には五百の園地があり、かずかずの鳥が美しくかなでている。そここそ「法涌菩薩《ほうゆうぼさつ》」の住所である。菩薩は昼夜三時に、般若の智慧を説いておられる。

この話を聞いて喜んだ常啼菩薩は、六十二種の三昧《さんまい》を得、その三昧にあって、仏が般若の智慧を説かれるのを聞き、数多の仏たちは常啼菩薩に法涌菩薩こそ汝の師であり、善友であると教えられる。

そこで法涌菩薩のもとに赴こうとした常啼菩薩は、法涌菩薩にこれとて供養すべきもののないのにフト気付く。これは我が身を売って、その値をもって供養物を得ようと考え、街々を歩いて「我れ今自ら売らん」と大声で叫んだ。

ところがこれを聞いた悪魔は、もし法涌菩薩に供養して般若の智慧を得るものができては大変と「自ら売らん」という常啼菩薩の声を掩《おお》った。結果誰も買ってくれないので、涙を流してたたずんでいた。

これを見た帝釈天《たいしゃくてん》は、常啼菩薩の志のほどを試さんと、バラモンに姿をかえて近づき、一体どうしたのだ、なぜなくのか、と。事情を聞いたバラモンは、私は人間はいらないが、祖先の祭りのためのイケニエに、人間の心臓・血液・骨・髄《ずい》がいるのです。売っていただけますか、と。これを聞いて常啼菩薩は、よみがえったように喜び、何でもあなたのいるものを差上げましょう、と。

かくて鋭利な刃物で左臂《ひじ》をさして血を出し、右の太股《ふともも》をつきさし、肉をさき、骨を破り髄《ずい》を出してバラモンに与え、さらに心臓を突きさそうとした。

ところが、この様子を一分始終高殿の上で見ていた長者の娘が驚いておりてきて、何故そんなことをするのか、と問うたので、詳しく事情を述べると、感に打たれ、そのようなありがたい方の教えを受けて般若の智慧を受けられるための供養なら、私の家の財産のすべてをさしあげますから供養のたしにしてください。どうか、身を害することを止めてください、と。

バラモンもまた帝釈天の姿にかえって、決して血も心臓も骨も髄も、私には必要ないのです。ただあなたの志のほどをためしたにすぎません、と深くわび、常啼菩薩の身体を、もとのようにかえしました。

この様子を見ていた長者の娘は、常啼菩薩をわが家に招き、父母にこの事情をくわしく述べます。最初驚いていた父母も、ともに法涌菩薩のもとに出かけ、般若の智慧に与《あずか》ろうと申し出ます。

かくて常啼菩薩をはじめ、長者の娘とその父母たちは、五百人の侍女たちとともに、法涌菩薩への供養の、種々の珍宝を車にのせて妙香城に向います。

やがて七宝で飾られた妙香城に到着し、遙か法涌菩薩が七宝の大般若台上の師子座《しし ざ》に坐し、多くの衆にとり囲まれておられる様子を望み、常啼菩薩の喜びは格別です。車に乗って法涌菩薩のもとに赴くのは道に外《はず》れていると思った常啼菩薩が車からおりると、つづく五百の車からもそれぞれ車を降りて進みます。

かくて大般若台に近づくと、中央の四宝をもって飾った箱に、溶《と》かした猫目石《ねこめいし》で黄金の板にかかれた般若の智慧の経典が収められ、多くの人たちが供養しています。

常啼菩薩と、長者の娘、その父母たちは用意した供養の品々を二つに分ち、一つを般若の智慧の経典に、一つを法涌菩薩に奉献します。ついでかぎりなく美しい花々を供養しますと、あるものは法涌菩薩の頭上で美しい楼閣に、またあるものは空中にとどまって天幕のようになりました。

こうした神通力を見て深く感動した常啼菩薩たちは、深く心に銘じて発願の心をおこします。

この文がここに掲げた一文です。

「私たち、このすぐれた縁によって将来必ず仏の正覚《しょうがく》を完成しよう。私たち、このすぐれた縁によって、将来菩薩の道を修行し、甚深の法門を体得し、さわりないこと、まさに法涌菩薩の如くであろう」と。

かくて常啼菩薩は、法涌菩薩に、以上の来し方を詳しく述べ、いかに法涌菩薩の座に列して、深い喜びにひたっているかを述べます。かくて法涌菩薩の説法が始まります――。

「仏の身はよって来るところなく、また去る所もない。何故かと云えば、諸法の実性は不動だからである。」以下、真如《しんにょ》・法界《ほっかい》・法性《ほっしょう》・不虚妄性《ふこもうしょう》・不変異性《ふへんいしょう》・平等性《びょうどうしょう》・離性《りしょう》・定性《じょうしょう》・住性《じゅうしょう》・諸法の実際《じっさい》・虚空界《こくうかい》・不思議界《ふしぎかい》・無生性《むしょうしょう》・無滅性《むめつしょう》・如実性《にょじつしょう》・遠離性《おんりしょう》・寂滅性《じゃくめつしょう》・無染浄性《むぜんじょうしょう》・空性《くうしょう》……それらが「来るなく、去るなき」旨をこまごまと教示し、つづいて多くの喩をもってこれを示される。

たとえば真夏の広野でみる「逃げ水」を見て、水を求めるようなもので、もともと「逃げ水」とは、水のように見えて水でない。この「逃げ水」を見て実体と思い、来る所あり、去る所ありと言うことが出来ようか、と。以下譬喩はつづく。要は一切法は夢の如く、変化《へんげ》の如く、実有ではないと見る、と。すべては因縁和合《いんねんわごう》するとき「有る」が如く見え、因縁によって「滅する」のである、と。かくて法座を終られた法涌菩薩は、宮に還り、定に入られた。

それから七年の歳月が流れた。この間、常啼菩薩は、坐せず、臥《が》せず、唯だ住行のみ。睡眠・飲食を願わず、寒熱を畏《おそ》れず、ただひたすらに、再び法涌菩薩の説法の機会を待った。

いよいよあと七日、ということになって、常啼菩薩は座を清め、周囲にホコリのたたないように水をそそごうとした。これを見た悪魔は、水を隠してしまった。常啼菩薩たちは、それにめげず、身を鋭利な刃物で刺して血をいだして、あたりを清めようとした。この姿を見た帝釈天《たいしゃくてん》は、この血を栴檀《せんだん》香水に変じたので、あたりには得も言えぬ芳香がただよった。

かくて法涌菩薩は、ついに定から起って、師子座に坐し、般若の智慧を説きはじめられた。一切法平等なるが故に、般若の智慧も平等なり。一切法遠離なるが故に、般若の智慧は遠離なり。……

かく説法を聞きおわって、常啼菩薩は六十億の精神集中（定《じょう》）を完成。以後常啼菩薩はあらゆるところに仏を見、仏の世界に生じ、また般若の智慧を得、あらゆる不遇な生を離れ、好運な生を獲得したのである。

㉘ **心に罣礙《けいげ》なし、罣礙なきが故に恐怖《くふ》あることなし、一切の顚倒夢想《てんどうむそう》を遠離《おんり》す。**

（般《はん》若《にゃ》心《しん》経《ぎょう》）

摩訶般若波羅蜜多心経《まかはんにゃはらみたしんぎょう》、略して般若心経二百六十二字は、大般若経六百巻の精要を語りつくしている。

かつて高等学校に奉職中、三年生に般若心経を講じ、そのテキストとして「般若心経講讃《こうさん》」を執筆し、年をかさねて、書き改め、書き改めはしたが、最後まで何かまだ心に満足するまでにはいたらなかった。

般若心経は、仏教経典のなかで最も重要なものの一つであり、また最も日本人に親しまれてきた経典である。しかし、それは空観《くうがん》とよばれる実践を通してしか真に理解し得ぬものであると言われる。

摩訶《まか》とは大である、偉大であるという意。般若《はんにゃ》とはプラジュニャー、つまり智慧。しかしそれは浅はかな人間の智慧でなく、仏の智慧である。波羅蜜多《はらみた》はパーラミター、彼岸《ひがん》、つまりさとりの岸にいたるという意。だから「偉大なるさとりの岸にいたる仏の智慧を説く経」という意である。

般若心経は正しいものの見方、考え方、そしてそれに基づく人生の生き方を教えている。われわれが日常生活の中で、ものを見、ものを考える、その見方、考え方は、所詮皮相《しょせんひそう》な見方でしかない。その根底には我執《がしゅう》がある。そのうわべ（表相）の見方を打ち破って（空）、もののほんとうの姿（諸法実相《しょほうじっそう》）に迫るのが般若心経である。日常意識の世界でとらえられた限りでの存在は、真の存在の姿ではない。そのことを強調するのが空《くう》なのである。

その空の境地に立てば、もはや何のわだかまり（罣礙《けいげ》）もない。何のわだかまりもないから何の恐れることもなく、あらゆる謬見《びゅうけん》を打破して真実相が見えてくるのである。これが真実の智慧の世界であり、般若心経が最後に「掲諦《ぎゃてい》、掲諦《ぎゃてい》」つまり「ついた。ついた。さとりの岸についた」というように、行きついたさとりの境地を示している。

五味川純平の『人間の条件』という小説がある。戦争が苛烈化する満州で、逃亡者を出したこらしめに、捕虜の一部を斬ろうとする憲兵に対して、その捕虜たちの労務管理を担当していた主人公梶《かじ》は抵抗しようとする。しかし憲兵に刃向うことは、即ち「死」を意味する。

一人、二人殺されていく。その時、梶は「待て！止めていただく！」と憲兵の前に立ちはだかった。

「どけ！でしゃばると貴様もたたき斬るぞ！」と。その時、梶は「それがこわくて今まで動けなかった」と。

たまりかねて見ていた捕虜たちは、枯野を押しわたる津波の前ぶれのような不気味《ぶきみ》な喚声《かんせい》をあげて総立ちになった――

死を賭《と》して事にあたる。言うは易《やす》く、むつかしいことである。しかし、死を賭す決意が出来た時、それはまさに「心に罣礙《けいげ》なし、罣礙なきが故に、恐怖《くふ》あることなし」という境地に立つのである。

心経のこころ、それは不動の人生観である。しかしそれはさきにも言ったように、空観《くうがん》といわれる実践を通してしか、つかむことの出来ないものなのである。

㉙ **東方に、ここを去ること千の仏刹《ぶっせつ》にして世界あり、阿比羅提《あびらだい》と名づけ、その仏をば大目如来無所著等正覚《だいもくにょらいむしょじゃくとうしょうがく》と名づけ、諸の菩薩のために、法及び六度無極《ろくどむごく》の行《ぎょう》を説きたもう。**

（阿《あ》閦《しゅく》仏《ぶっ》国《こく》経《きょう》）

まずここに掲げた文について述べよう。仏刹《ぶっせつ》とは仏の国の意。阿比羅提《あびらだい》は妙喜《みょうき》と訳す。無所著《むしょじゃく》とは、ここでは仏の十号の一つ、応供《おうぐ》にあたる。等正覚《とうしょうがく》とは、正しくさとった人という意で、原語からいうと、これも仏の十号の一つ、正遍知《しょうへんち》にあたる。仏の十号とは、仏の徳を称えた十の呼び名で、如来《にょらい》・応供《おうぐ》・正遍知《しょうへんち》・明行足《みょうぎょうそく》・善逝《ぜんぜい》・世間解《せけんげ》・無上士《むじょうし》・調御《じょうご》丈夫《じょうぶ》・天人師《てんにんし》・仏世《ぶっせ》尊《そん》という。法及び六度無極《むごく》とあるが、異訳によれば「微妙の法を説き六波羅蜜に従うを首《はじめ》となす」とある。六度無極とは、六波羅蜜、つまり菩薩の行である布施・持戒・忍辱・精進・禅定・智慧をさす。

○

さてこの阿閦仏国経《あしゅくぶっこくきょう》は、初期の大乗経典で、すでに見てきたように六波羅蜜が説かれていて般若系に属すると考えられるが、一方で菩薩の願を説き、浄土の荘厳《しょうごん》を説き、また浄土における修行や願生を説く、まことに内容ゆたかな経典である。この経典には、異訳として大宝積経《だいほうしゃくきょう》巻二〇に不動如来会がある。阿閦とは不動の意である。

さてこの経は、発意《ほつい》受慧《じゅえ》品《ぼん》・阿閦仏刹《あしゅくぶつり》善快品《ぜんかいぼん》・弟子《でし》学成品《がくじょうぼん》・仏般泥洹品《ぶつはつないおんぼん》の五つに分れている。

今そのすべてを説く余裕はないが、大旨を述べよう。

仏が過去の菩薩の修行を述べようと、その昔、妙喜《みょうき》国《こく》に大目如来《だいもくにょらい》がおられ、六波羅蜜をはじめとする微妙の法を説いておられた、と述べられると、舎利弗はその妙喜国はどこにあったのですかと問う。その答えがここに掲げた一文である。

さてそこに一人の比丘があって、仏を礼拝して教えの如く菩薩の行を学ぶであろうと申し出た。そこで大目如来は「菩薩の行は誠に難い。何故ならば菩薩はあらゆる生物に対し瞋恚《しんに》の心を持ってはならないからである」と。

そこで比丘は「私は今より後、菩提心をおこし一切智を求め、正覚を得るまでは、一切の生物に対して瞋恚を起しません」と誓いをたて、瞋恚の心がなかったので、阿閦地に住し、阿閦（不動）の名を得たという。

阿閦菩薩はさらに進んで、種々の願を立てた。そして大目如来のもとで修行をなし、阿閦仏として成仏するのである。ついで経典は阿閦仏の仏国土の功徳荘厳《くどくしょうごん》を述べ、そこで修行する声聞（弟子学成品）・菩薩（諸菩薩学成品）のことを説き、最後に阿閦仏の入涅槃《にゅうねはん》と舎利供養《しゃりくよう》、造塔礼拝《ぞうとうらいはい》、阿閦仏の徳号法経の諷誦《ふうじゅ》・受持《じゅじ》・書写《しょしゃ》を説くのである。

○

読みすすむうちに、阿閦仏の仏国土の描写に、まことにユートピアを思わせるものが多々あった。仏が舎利弗に言われるには「菩薩たちのなかで仏の国を得たいと思う者があるなら、阿閦仏が菩薩道を行じて願ったような仏の国を得たようにしなさい」とある。

阿閦仏の進まれる足もとに、いたるところ千葉の金色の蓮華が生じるというのは、仏の国の描写として当然であろうが、まず衣食である。何を食べようかなどと心をわずらわすことなく、また托鉢に出る必要もない、必要な時に自から飯食があらわれ、終ると自から鉢は姿を消すというのである。衣もまたしかり。衣を裁《た》ったり、縫《ぬ》ったり、洗ったり、染めたり、ともかくも衣を作る必要はないのである。と言って人に作らせるのでもない。必要な時に自から生ずるのである。

それればかりではない。阿閦如来は戒を説かない。戒を犯すようなものがないからである。もちろん五逆などというものは関係はない。この国には怠けものがいないが、努力しすぎるというものもない。仏の説法を聞くに、わき見するものもなく、一心に聞いて、一向に疲れを知らない、というのである。だから悪魔も人の心をみだす隙《すき》さえ見出せないのである。

そこで舎利弗は、そんなすばらしい阿閦仏の世界が見たいと思ったところ、仏は舎利弗の心を知られて、早速神通力《じんづうりき》をもって、居ながらにして阿閦仏の世界を見せられ、この仏の世界ほどすばらしい国土を見たことがあるかと問われたので、舎利弗はこんなすばらしい世界は、いまだかつて知らない、と答えている。

阿閦仏は、衆香手《しゅうこうしゅ》菩薩（異訳は香象《こうぞう》菩薩）に授記して、金色蓮華《こんじきれんげ》如来《にょらい》と名づけ、その仏の世界もまたこの阿閦仏の世界の如くであると予言される。

かくて阿閦仏は、身から自から火を出し、身を焼きおわって金色となり、くだけて芥子《けし》のようであったという。

そこで三千大千世界の人民は、その舎利を供養し、七宝の塔をたて、金色の蓮華で飾ったという。

このあと、いかにしたならば阿閦仏の世界に生れることが出来るかという舎利弗の問にこたえて、仏は六波羅蜜の修行について述べられる。

㉚ **それ比丘《びく》・比丘尼《びくに》・優婆塞《うばそく》・優婆夷《うばい》あり、持戒完具《じかいかんぐ》し、独《ひと》り一処《いっしょ》に止《とど》まり、心に西方阿弥陀仏今現在したもうを念じ、所聞《しょもん》に従ってまさに念ずべし。是の間を去ること千億万仏刹《ぶっせつ》にして、その国を須摩提《しゅまだい》と名づく。衆の菩薩の中央にあって、経を説きたもう。一切常に阿弥陀仏を念ず。**

（般《はん》舟《じゅ》三《ざん》昧《まい》経《きょう》）

大乗経典のごく初期のものとして、般若経のグループと、今一つここにあげた般舟三昧経《はんじゅざんまいきょう》や大阿弥陀経を中心とする阿弥陀仏に関係のある経典とがある。

阿弥陀仏の信仰については、松本文三郎博士が「紀元前二世紀の中葉に他力念仏の思想の既に仏教の中に入り来れるものもあり」（『極楽浄土論』）と述べ、矢吹慶輝博士は「弥陀崇拝の思想は少なくとも西紀第一世紀頃より印度西部において已に存在したことが推測される」（『阿弥陀仏の研究』）と言われ、さらに望月信享博士は「阿弥陀仏を説く経典が多くあるうち、般舟三昧経をもって最古とし、その成立は西紀前一世紀頃にはじめて編纂されたものとす」（『浄土教の起源及発達』）と述べられている。

その弥陀信仰を説いた最初期の経典であるこの般舟三昧経では、颰陀和《ばつだわ》菩薩が仏の対告衆《たいごうしゅう》で、問事品《もんじぼん》第一において「菩薩、まさに何等の三昧を作《な》してか、得る所の智慧大海の如く、須弥山《しゅみせん》の如くして……」と、いかなる三昧を修すべきかを問うことから始まる。これに対する仏の答えは「現在仏悉在前立三昧《げんざいぶつしつざいぜんりゅうざんまい》」であるという。ついで行品第二において、その三昧はいかなるもので、いかに修行するかという問に答えられる一節が、冒頭に掲げた一文で、望月博士の言われるように、この経が阿弥陀仏の信仰を説く最古のものとするならば、その経典ではじめて阿弥陀仏の信仰について述べられたのがこの一文である。

現在仏悉在前立三昧とは、隋訳では思惟諸仏現前三昧《しゆいしょぶつげんぜんざんまい》といい、般舟三昧のことである。心を一境に留めて仏を念ずれば、現在に念ぜし仏は行者の前に自立したもうという三昧である。

比丘《びく》・比丘尼《びくに》・優婆塞《うばそく》・優婆夷《うばい》とは四衆とよび、出家した男性を比丘、女性を比丘尼。在家信者の男性を優婆塞、女性を優婆夷という。この四衆が正しく戒律を守って、心を一境に留め「今現在したもう阿弥陀仏」を心に念ずるならば、ここを去る千億万の仏国土を隔てた「須摩提《しゅまだい》」(西方極楽浄土のこと)に阿弥陀仏が経を説かれるのを見る、というのである。

ところが、この「見る」ということについて、経典は特に注している。すなわち、今言うように、四衆が完全な戒を持ち、静かなところに独居して一心に西方阿弥陀仏を念じ、もしくは一昼夜乃至もしくは七日七夜すれば阿弥陀仏を見ることが出来る。ただし見るといっても天眼《てんげん》をもって徹視《てっし》するのでなく、聞くといっても天耳《てんに》をもって徹聴《てっちょう》するのでなく、また神足《じんそく》をもってその仏刹《ぶっせつ》にいたるのでもなく、ここに命終《みょうじゅう》して彼の仏の国に生まれるのでもなく「此の処に坐して阿弥陀仏を見、その所説を聞く」のである。

ただここでは阿弥陀仏のみではなく、むしろ阿弥陀仏は一例としてあげられているのであり、般舟三昧を十方現在仏悉前立定《じっぽうげんざいぶっしつぜんりゅうじょう》と訳されるように、十方いずれの仏でもみなこの法によれば、見ることが出来る、というのである。

以下、疾《と》く三昧を逮得《たいとく》する方法を説く四事品《しじほん》第三。戒を持たないものは却ってこの三昧を捨てるという譬喩品《ひゆほん》第四。以下さらに仏印品第十六までつづく。

なお授決品《じゅけつぼん》第十のなかに、仏が涅槃《ねはん》されて四十年この三昧は行なわれるが、その後の乱世に、一時この三昧は絶える。しかしその後の乱世に国と国とが相伐《あいう》つ時、再びこの三昧が復活すると述べられると、五百人の比丘・比丘尼・優婆塞・優婆夷が起《た》って、この三昧を護持することを誓うという一節がある。

㉛ **須菩提《しゅぼだい》、諸の菩薩摩訶薩《ぼさつまかさつ》は、応《まさ》に是《かく》の如く清浄の心を生ずべし。色《しき》に住《じゅう》して心を生《しょう》ずべからず、声香味触法《しょうこうみそくほう》に住して心を生ずべからず。応《まさ》に住するところなくして而《しか》もその心を生ずべし。**

（金《こん》剛《ごう》般《はん》若《にゃ》経《きょう》）

金剛般若経については、岩波文庫に中村元、紀野一義訳註で入っており、最近大蔵出版の仏典講座から梶芳光運氏の詳細な講義が発行された。

岩波文庫の解題にあるように、金剛般若経は般若経典であるにもかかわらず「空《くう》」という語が一切用いられていないということである。また小乗に対する大乗という表現もされていない。つまり般若思想が固定化、定型化する以前、その形成期に編さんされたもので、西紀一五〇年から二〇〇年ごろの成立であろうという。また法華経等大乗経典に共通の塔廟《とうびょう》崇拝よりも経典の読誦《どくじゅ》を強調しているのが特色である。

金剛般若経は、羅什《らじゅう》訳（四〇二―）、菩提流支《ぼだいるし》訳（五〇九）、真諦《しんだい》訳（五六二）、笈多《ぐぷた》訳（五九〇―）、玄奘《げんじょう》訳（六六〇―三）、義浄《ぎじょう》訳（七〇三）とあるが、一般に羅什訳が多く用いられ、その分科については、梁《りょう》の昭明《しょうみょう》太子の三十二分節が広く依用されている。

その分節によれば、序分につづく正宗分の冒頭、つまり善現啓請分《ぜんげんけいしょうぶん》で須菩提《しゅぼだい》が、「世尊、善男子善女人ありて阿耨多羅三藐三菩提心《あのくたらさんみゃくさんぼだいしん》を発《おこ》さんに、いかんが応《まさ》に住すべくや、いかんがその心を降伏《ごうぶく》すべきや」という問題提起によって経は展開していくのである。

そのなかで荘厳浄土《しょうごんじょうど》分《ぶん》第十にあるのが、ここに掲げた一文で「まさに住するところなくして、しかもその心を生ずべし」（広無所住而生其心）は、禅宗の六祖慧能《えのう》（唐代、七一三没、七十六歳）がこの一句によって廓然大悟《かくねんたいご》したと伝えられ、最も重要な、そして有名な一句である。

荘厳浄土分の少し前から記すと――

「須菩《しゅぼ》提《だい》、意においていかん。菩薩は浄土を荘厳《しょうごん》するや、いなや。いななり、世尊。何を以ての故に。仏土を荘厳すとは即ち荘厳にあらず、これを荘厳と名づく。この故に――」

以下ここに掲げた文がつづくのである。

非《ひ》荘厳《しょうごん》の荘厳ということである。維摩経《ゆいまぎょう》に「直心《じきしん》はこれ菩薩の浄土なり。深心《じんしん》はこれ菩薩の浄土なり」とある。古注に「清浄の心生ずればこれ浄土の荘厳なり、諸相は即ち荘厳にあらず」という。

荘厳に、事《じ》の荘厳と理《り》の荘厳がある。事の荘厳とは有相《うそう》の荘厳であり、取相《しゅそう》の荘厳である。理の荘厳とは無相《むそう》の荘厳であり、離相《りそう》の荘厳である。理の立場を説くのが、この一節の趣旨で、それは事の立場からすれば、非荘厳の荘厳となる。浄心によつて荘厳するのである。

以上のように「清浄の心を生ずべし」という。色・声・香・味・触・法、つまり外界の対象である六塵《ろくじん》に住して生ずべからず、六塵に執着して生じてはならないというのである。住するところなくして、しかも生ずとは、あらゆるものに執われないで清浄の心を生ずべしという。善悪・美醜・相・非相・有無・断常という一切の相対的知見をはなれた当体を清浄という。

金剛般若経はしばしば「我相《がそう》・人相《にんそう》・衆生相《しゅじょうそう》・寿者相《じゅしゃそう》」を否定する。これは梵文では「自我という思い、生きているという思い、個体という思い、個人という思い」と訳されている。これを転倒《てんどう》の四執《ししゅう》とも、凡夫《ぼんぷ》の四相とも、四倒ともいう。世親は「我とは総じて三世五蘊《ごうん》差別を観ずるの執なり。過去の我、相続して現在に至りて断ぜずと見るを衆生相と名づけ、現在の命根《みょうこんふ》不断《だん》に住すと見るを命者相《みょうしゃそう》と名づけ、命根断滅過去して後六道に生ずと見るを寿者相《じゅしゃそう》と名づく」と釈している。

こうした四顚倒《してんどう》を離れた世界である。住するところなくして、しかもその心を生ずとは、明鏡の前に物来れば悉くこれをうつし、物去れば何の跡かたもない、という境地をいうのである。

なお金剛般若経には「応に住するところなくして布施を行ずべし」「応に無所住の心を生ずべし」など同類の句が他にもある。

㉜ 性欲《しょうよく》無量なるが故に説法無量なり。説法無量なるが故に義もまた無

量なり。無量義《むりょうぎ》とは一法《いっぽう》より生ず。その一法とは無相《むそう》なり。
（無《む》量《りょう》義《ぎ》経《きょう》）

無量義経は粛斉《しゅくせい》の建元三年（四八二）曇摩伽陀耶舎《どんまかだやしゃ》の訳、一巻である。徳行品《とくぎょうぼん》、説法品《せっぽうぼん》、功徳品《くどくぼん》の三品からなり、それぞれ序分・正宗分・流通分《るづうぶん》に配せられる。

法華経序品に、「大乗経の無量義《むりょうぎ》・教菩薩法《きょうぼさつぼう》・仏所護念《ぶつしょごねん》と名づくるを説きたもう。仏、この経を説きおわって結跏趺坐《けっかふざ》し、無量義処三昧《むりょうぎしょざんまい》に入って、身心動じたまわず」とあることによって、古来法華経を説くに先立ち、まずこの経を説かれたとして、法華経の開経《かいきょう》とされる。

また説法品に、「性欲《しょうよく》不同なれば種々に法を説きぬ。種々に法を説くこと方便力を以てす。四十余年には未だ真実を顕わさず」とあることに拠って、天台大師智顗《ちぎ》（五三八―五九七）は、「華《け》厳《ごん》・阿含《あごん》・方等《ほうどう》・般若《はんにゃ》・法華涅槃《ほっけねはん》」のいわゆる五時の教判をたて、法華以前の仏陀の所説は「方便」であって、法華経こそ「真実」であると述べられたのである。

〇

法華経と同じく霊鷲山《りょうじゅせん》での説法で、序分にあたる徳行品では、大衆を代表して大荘厳《だいしょうごん》菩薩が仏身と仏徳を讃歎する。その偈頌《げじゅ》のなかで「非有非無非因非縁非自佗非方非円非短長非出非没非生滅非造非起非為非作非坐非臥非行非住非動非転非閑静非進非退非安危非是非非非得失非彼非此非去来非青非黄非赤白非紅非紫種々色」と、三十四回「非」をかさねて説いている。諸仏頌《じゅ》の尤《ゆう》なるものとして知られる。

「世尊、菩薩摩訶薩、疾く阿《あ》耨《のく》多《た》羅《ら》三《さん》藐《みゃく》三《さん》菩《ぼ》提《だい》を成ずることを得んと欲せば、まさに何等の法門を修行すべき」と問う。無上のさとり（阿耨多羅三藐三菩提）を得る道は何か、ということである。これに対して仏は「無量義」という法門を提示されるのである。その無量義という法門を具体的に説法されるのがここに掲げた一文である。

性欲《しょうよく》とは、過去からの習性と現代の楽欲《ぎょうよく》（ねがい）。個人の素質や傾向および目的物に向って行動を起す意志であるとされる。わかりやすく言えば、人間の性質、欲望である。

その性欲は無量である。人それぞれに性質や欲望は異なり、千差万別である。俗に「人見て法を説く」といわれる。対機《たいき》説法であってみれば、その千差万別の性欲に従って、説法もまた千差万別である。

しかし仏教の根幹は実相《じっそう》にある。ものごとには固定的・実体的なすがたはない、つまり無相なのである。

一切の存在は、過去・現在・未来を通じて「性相空寂《しょうそうくうじゅく》」「生滅変化を超越」しているのである。その無相・対相の一法に立って、種々に法が説かれる、ということである。

ただ衆生はそれを知らず、差別の見に堕し、六道《ろくどう》を輪廻《りんね》しているのである。そこに性欲無量といわれる世界が現出するのだが、要は無相の一法に帰するをいうのである。ここに法華経方便品の三乗を開会して一乗を説く、という開三顕一《かいさんけんいち》の思想が予想されるとするのである。

最後に十功徳品では、再び大荘厳菩薩が、この経の「甚深不思議の事」を説きたまえと請うたのに対し「この経はもと諸仏の室宅（慈悲をいう）の中より来り、去って一切衆生の発菩提心に至り諸の菩薩所行の処に住す」と説いて十の功徳力が述べられる。いわゆる浄心不思議力・義生《ぎしょう》不思議力・船師《せんし》不思議力・王子不思議力・竜子《りゅうし》不思議力・治等《ちとう》不思議力・賞封《しょうほう》不思議力・得忍《とくにん》不思議力・抜済《ばっさい》不思議力・登地《とうち》不思議力である。

㉝

諸仏世尊《しょぶつせそん》は唯《た》だ一大事因縁《いちだいじいんねん》を以ての故に世に出現したもう。…衆生をして仏知見《ぶっちけん》を開かしめ、…衆生をして仏知見を示さんと欲するが故に、…仏知見を悟らしめんと欲するが故に、…仏知見に入らしめんと欲するが故に、世に出現したもう。

(法《ほ》華《け》経《きょう》)

法華経は六訳三存といわれ、翻訳が六回行なわれたと伝えられるが、うち現存するものは、正法華経《しょうほけきょう》・添品法華経《てんぼんほけきょう》・妙法蓮華経《みょうほうれんげきょう》の三つで、中で広く読まれているのが羅什《らじゅう》訳の妙法蓮華経である。

法華経は序品第一から普賢《ふげん》菩薩勧発品《かんぼっぽん》第二十八までの二十八品から成り、前半、つまり安楽行《あんらくぎょう》品《ほん》第十四までを迹門《しゃくもん》、従地涌出品《じゅうちゆじゅっぽん》第十五以下を本門とよぶ。また法師《ほっし》品《ほん》第十までを第一会、見《けん》宝塔品《ほうとうほん》第十一から嘱累品《ぞくるいほん》第二十二までを第二会、薬王菩薩本事品第二十三以下を第三会とし、第一及び第三会は霊鷲山《りょうじゅせん》の説法、第二会は虚《こ》空会《くうえ》の説法で、これを「二《に》処三会《しょさんえ》」とよぶ。

前半、つまり迹門の中心は、方便品第二で、「唯だ一乗の法のみあって、二もなくまた三もなし」と、三乗方便・一乗真実の「開三顕一《かいさんけんいち》」が説かれ、後半、すなわち本門の中心は如来寿量品《にょらいじゅりょうほん》第十六で、久遠《くおん》の本仏《ほんぶつ》の開顕、つまり「開近顕遠《かいごんけんおん》」が説かれる。

○

ここに掲げた一節は、右に述べた方便品の「開三顕一」の個所にあたる。仏は一大事因縁《いちだいじいんねん》の故に世に出現された。その一大事因縁とは衆生をして仏知見に開《かい》・示《じ》・悟《ご》・入《にゅう》せしめんと欲するが故に世に出現されたという。仏知見に開示悟入せしめるとは、仏になることである。仏の大悲によって、一切衆生が仏になる、これを一仏乗という。

唯だ一乗の法のみあり、二もなく、また三もなし——とは、二とは声聞《しょうもん》・縁覚《えんがく》であり、三とはそれに菩薩を加えたものである。

仏教では十界といって、すべての生きとし生けるものを十に分類する。地獄《じごく》・餓鬼《がき》・畜生《ちくしょう》・修羅《しゅら》・人間《にんげん》・天《てん》・声聞《しょうもん》・縁覚《えんがく》・菩薩《ぼさつ》・仏《ぶつ》である。このうち地獄から天までの六つを、六道といい、迷える凡夫で、生まれかわり死にかわり迷いをくりかえす、つまり輪廻《りんね》の世界であり、六凡ともいう。それに対して声聞・縁覚・菩薩・仏を四聖《ししょう》という。再び迷いをくりかえさない世界である。

そして従来、声聞乗と縁覚乗の二乗、それに菩薩乗を加えた三乗の教えが説かれてきたが、これは仏の教化のための手段（方便）であって、真実には、すべてのものが仏になるという一乗・一仏乗のみしかない、と宣言されたわけである。

今いうように声聞乗と縁覚乗は二乗とよばれ、仏を尊敬するあまり、仏との間に一線を隔し、また凡夫（六道）を脱した聖者として「たかあがり」（増上慢《ぞうじょうまん》）してしまう、いわゆる二乗根性であるが、今この二乗根性を打破して一仏乗が説かれたのである。

この方便品において開三顕一の大旨が説かれたのが「正説《しょうせつ》」で、第三譬喩品から第六授記品までが「譬説《ひせつ》」、第七化城喩品《けじょうゆほん》から第九授学無学人記品までを「因縁説《いんねんせつ》」といい、これを三周《さんしゅう》説法という。「唯だ一乗の法のみあって、二もなくまた三もなし」という開三顕一の教えが、以下譬えをもって、因縁をもって、くりかえし説かれるのである。

なかでも、譬喩品の三界火宅《さんがいかたく》の譬、信解品の長者窮子《ちょうじゃぐうじ》の譬、薬草喩品の三草二木のたとえ、化城喩品の化城のたとえ、五百弟子授記品の衣裏繋珠《えりけいじゅ》のたとえはよく知られるところである。

㉞　我等仏を敬信《きょうしん》したてまつり、まさに忍辱《にんにく》の鎧《よろい》を著《き》るべし。この経

を説かんがための故に、此の諸の難事を忍ばん。我れ身命《しんみょう》を惜しまず、ただ無上道《むじょうどう》を惜しむ。

（法《ほ》華《け》経《きょう》）

前話に述べたように、第九授学無学人記品《じゅがくむがくにんきほん》までで方便品に始まる三周説法が終る。第十法師品《ほっしほん》からは迹門《しゃくもん》の流通分《るづうぶん》に入るのである。

第十法師品では、法華経を弘通するため「受持《じゅじ》・読《どく》・誦《じゅ》・解説《げせつ》・書写《しょしゃ》」の五種法師の功徳、さらに法華経を恭敬《くぎょう》・供養《くよう》する「十種供養」の功徳、さらには滅後の弘経者は、仏陀の慈悲を室とし、忍辱《にんにく》を衣とし、諸法空を座とする、いわゆる「衣座室《えざしつ》の三軌《さんき》」が説かれる。

第十一見宝塔品《けんほうとうほん》では、宝塔が涌出《ゆじゅつ》して虚《こ》空《くう》にかかり、やがて始まる虚空会《こくうえ》の説法が予想され、六難九易《ろくなんくい》が説かれる。

第十二提婆品《だいばほん》において悪人成仏と女人成仏が説かれたあと、第十三勧持品《かんじほん》に入る。ここに掲げた文は、その勧持品のなかでも広く知られた二十行の偈のなかの一節である。

八十万億那由佗の菩薩が、仏の命令があれば、いかなる苦難にもうちかって、此の経を弘めんと誓う一節である。

鎌倉時代、いくたの法難に打克《うちか》って法華経の弘通に生涯をかけられた日蓮聖人は、つねに「勧持品二十行の偈」を色読《しきどく》（身をもって体験すること）したという自覚に立って、もしこの日蓮聖人の色読の歴史がなかったら、法華経に示された仏記《ぶつき》（仏の予言）は、虚妄《こもう》となったであろうと述べられ、末法に出てこられる本化《ほんげ》の菩薩《ぼさつ》である上行菩薩の再誕との自覚に立たれるにいたるのである。

その二十行の偈に示された誓願とは、次のようである—

①願わくば憂慮《ゆうりょ》なさいませんように、仏が此の世を去られましたのちに、恐ろしい悪世のなかで、われらは広く説くでありましょう。②もろもろの無智の人が悪口《あっく》し、罵《ののし》り、刀杖《とうじょう》をふるったりすることがあっても、われらは皆忍ぶでありましょう。（3—12略）そしてその⑬⑭がここに掲げた一文である。⑬われらは仏を敬い信じている故に、忍耐《にんたい》の鎧《よろい》を身につけてこの経を説くために、このもろもろの難事を忍ぼう。⑭われらは身命《しんみょう》を愛することなく、ただ無上道のみを惜しむ。（略）⑯法華経を受持するものを、しばしば塔寺から追放するであろう。（以下略）

○

日蓮聖人が立教開宗されたのは建長五年（一二五三）であった。聖人三十二歳の時であった。以来、三十九歳で『立正安国論《りっしょうあんこくろん》』を幕府に献呈された年の松葉ケ谷草庵焼打ち、翌年の伊豆伊東の流罪、更に三年後小松原における東条景信の襲撃。そして五十歳の時、鎌倉竜ロの刑場に死罪に処せられんとして、死一等を減じて佐渡流罪となる。大難四か度、小難数知れぬ迫害の生涯であった。

勧持品二十行の偈の⑯の項に「数々見擯出《さくさくけんひんずい》」しばしば擯出《ひんずい》（土地を追われる）されるとあり、さらに「遠離於塔寺《おんりおとうじ》」、塔寺を遠く離される、寺を追われる、ということである。日蓮聖人の生涯は、かくてまさに、この勧持品二十行の色読であった。

○

わが家では端午《たんご》の節句ごとに鎧を描いた軸物を床の間にかけるのを慣わしとしている。その絵には、かつて国の職業軍人で、熱心な法華経の信者である佐藤鉄太郎氏の「我等敬信仏、当著忍辱鎧」（勧持品二十行の偈の一節）と書かれた讃があり、毎年忘れず床の間を飾っているのが思い出される。

㉟ 皆、今の釈迦牟尼仏《しゃかむにぶつ》・釈氏《しゃくし》の宮を出でて伽耶城《がやじょう》を去ること遠からず、道場に坐して阿耨多羅三藐三菩提《あのくたらさんみゃくさんぼだい》を得たりと謂《おも》えり。然るに善男子、我れ成仏してよりこのかた、無量百千万億那由佗劫《なゆたこう》なり。

（法華経《ほけきょう》）

前に述べたように、第十一見宝塔品《けんほうとうほん》において、七宝の大塔が地より涌出《ゆじゅつ》して虚空《こくう》に懸《かか》る。その塔中より過去仏である多宝如来《たほうにょらい》が「釈迦牟尼仏の所説の如きは、皆これ真実なり」と迹門の説法の真実であることを証明される。そこで大楽説菩薩《だいぎょうせつ》が多宝如来を拝したいと申出たが、多宝如来には深重の願あり、十方分身《ふんじん》の諸仏を一所に来集して始めて出現されるとのことで、分身の諸仏の来集となり、ついでこの娑婆世界をはじめ二百万億那由佗《なゆた》の国を清浄ならしめ、それらの国は通じて一仏土となる。（三変土田《さんぺんどでん》という）。

かくて宝塔の扉は開かれ、釈迦・多宝の二仏並座《にぶつびょうざ》となり、大衆もまた虚空に置かれ、いよいよ虚空会《こくうえ》の説法となる。

話は第十五従地涌出品《じゅうちゆじゅっぽん》につづく。他方の国土の菩薩が、仏前に滅後の弘経《ぐきょう》を誓うが、仏は「止《や》みね、善男子」とこれをしりぞけられる。この時、娑婆世界は地皆震動して、大地より無量千万億の菩薩が涌出《ゆじゅつ》せられる。その上首が上行《じょうぎょう》・安立行《あんりゅうぎょう》・浄行《じょうぎょう》・無辺行《むへんぎょう》の四菩薩である。

釈尊成道以来、久しく釈尊に師事してきた数多の菩薩を代表して弥勒《みろく》菩薩は問う—

「これ何れの所より来れる。何の因縁を以てか集れる」と。釈尊が成道して四十余年、どうしてかくも多数の人々を教化されたのか、と。

かくて如来寿量品《にょらいじゅりょうほん》第十六に入る。冒頭「仏のまことの言葉を信解せよ」という仏のことばと、「仏のことばを信受したてまつる」という弥勒菩薩をはじめとする大衆のことばと、くりかえし応答がある（四請四《ししょうし》誡《かい》）。かくてここに掲げた一文となるのである。

「あなたたちはみんな、この釈迦牟尼仏は、シャカ族の城を出て、ガヤの街に近い菩提道場（ブッダガヤ）に坐して無上のさとりを得たと思っているであろう。然し実は私が成仏してからこのかた、はかり知れぬ歳月が流れたのだ」と。

その歳月がいかに果てしなく遠い昔かを譬えをもって語られる。これが永遠の仏陀の宣言であり、これを開近顕遠《かいごんけんのん》、また発迹顕本《ほっしゃくけんぽん》という。

この一文のすぐ前に「汝ら、あきらかに聴け、如来秘密神通《じんづう》の力を」という一節がある。天台大師智顗《ちぎ》は、これを釈して、秘とは一身即三身《いっしんそくさんじん》、密とは三身即一、神とは法身《ほっしん》、通とは報身《ほうしん》、力とは応身《おうじん》であると教えられる。仏陀の悟られた真理を法身、長い修行によって得られた立派な姿（相好具足《そうごうぐそく》）を報身、衆生救済のために化現された姿を応身という。

インドに出現された歴史的人物としての釈尊は応身である。その応身が単なる応身にとどまらず、法身・報身とあわせて三身即一《さんじんそくいち》であると開顕《かいけん》されたのである。そしてその三身即一の仏は「我れ常に此の娑婆世界に在って説法教化す」とつづくのである。

「常に」とある。いつ、いかなる時にも、永劫の昔から永劫の未来に向って、いつでもである。ということは何よりも「この今」ということである。それは西方の弥陀《みだ》浄土でも、東方薬師如来の浄瑠璃《じょうるり》世界でもない。この私が、今ここにこうして生きている「娑婆世界」においてである。今、私は仏の慈悲のなかに、仏の光をあびて生きているのである。

この如来寿量品では、さきの長行《じょうごう》（散文）の部分の後半で、良医の喩えが説かれる。滅にあらずして滅を現ずる方便である。誤って毒を飲んだ子供に、良医は遠方から人を遣わして「父は死んだ」と告げさせる。これを聞いた子供たちは「常に悲感《ひかん》をいだいて、遂に心醒悟《しょうご》す」とある。良医の残して置いた良薬を飲んで病はいえるのである。

つづく偈文（自我偈という）の終りで、「つねに自らこの念をなす。何を以てか衆生をして、無上道に入り、速かに仏身を成就せしめん」と。仏陀の大慈大悲である。あらゆる衆生を、いかにして仏身に入らせんかと、つねに念じつづけておられる仏陀の慈悲を我々は深く肝に銘ずるのである。

㊱ 我れ深く汝等を敬う、敢《あえ》て軽慢《きょうまん》せず。所以《ゆえ》は何《いか》ん。汝等、皆菩薩道を行じて、まさに作仏《さぶつ》することを得べし。

（法《ほ》華《け》経《きょう》）

如来寿量品《にょらいじゅりょうほん》において久遠実成《くおんじつじょう》の本仏の開顕《かいけん》がありましたが、この仏陀の寿命の長遠なることを聞いて「信」を起し、深めていく功徳《くどく》を説かれたのが、分別《ふんべつ》功徳品第十七の「一念信解《いちねんしんげ》」であり、随喜《ずいき》功徳品第十八の「五十展転随喜《てんでんずいき》の法」であり、また法師《ほっし》功徳品第十九の「六根清浄」であります。

つづく常不軽《じょうふきょう》菩薩品第二十では、品題の示す如く「常不軽菩薩」の物語であります。日蓮聖人は、今ここに掲げた一文、漢文で二十四文字を略法華経であると重視し、「一代の肝心は法華経、法華経修行の肝心は不軽品《ふきょうぼん》にて候」とも、また「過去の不軽菩薩は今の日蓮、今の日蓮は過去の不軽菩薩」と、この常不軽品の意義を強調しておられます。

〇

その昔、威音王如来《いおんのうにょらい》と名づけられた仏さまがいらっしゃった。多くの天・人・阿修羅《あしゅら》のために法を説かれた。その仏は、四十五億那由佗恒河沙《なゆたごうがじゃ》という長い歳月、衆生を教化して滅度《めつど》された。つづいてまた威音王如来と名づけられた仏さまが世に出現され、衆生を教化され、滅度されると、また威音王如来と名づけられた仏さまが世に出られた。このように同じく威音王如来と名ける仏さまが世に出現されること二万億であったという。

その最初の威音王如来が滅度され、正法《しょうぼう》の時代がすぎ、像法《ぞうぼう》の時代に入って、増上慢《ぞうじょうまん》の比丘が大勢いた時のこと、ひとりの菩薩比丘があり、その名を「常不軽《じょうふきょう》」といった。この菩薩は目につく、あらゆる人々に向って合掌礼拝し、こう言われた。(これがここに掲げた文である。)

「私はあなたたちを尊敬します。決して軽《かろ》しめるようなことはいたしません。あなたたちは、やがて菩薩道を実践して、仏になられるでしょう」と。

この菩薩は、経典を読誦したりせず、ただひたすらに合掌礼拝した。ところが、なかに心の不浄なものが、怒りを生じて「いったいこの比丘はどこから来て、われらが仏になるなどというのだ。そんな虚偽《きょぎ》の授記《じゅき》など誰が信ずるものか」と。罵《ののし》られても、杖や石で打たれても、ただ礼拝合掌して、この言葉を言いつづけた――というのです。

「悉有仏性《しつうぶつしょう》」あらゆる衆生には仏になる性質がある、という大乗仏教の根本精神を如実に実践した物語である。

「経典を読誦せず、ただ礼拝合掌を行った」とあります。経典には「受持《じゅじ》・読《どく》・誦《じゅ》・解説《げせつ》・書写《しょしゃ》」の五種法師《ごしゅほっし》が説かれています。なかで最も大切なのは「受持」ということです。経典の精神を身をもって実践することであります。常不軽菩薩の「但行礼拝《たんぎょうらいはい》」とは、この受持にほかなりません。

世に民主主義といいます。人間性の尊重なくして何の民主主義でしょう。単なる多数決に終っては、真の民主主義ではありません。人間性の尊重ということは、この常不軽菩薩において極まる、とも云えましょう。その根底に仏性への信仰があることを銘記すべきでしょう。

㊲ 所在《しょざい》の国土に、若しは受持《じゅじ》・読《どく》・誦《じゅ》・解説《げせつ》・書写《しょしゃ》し、説の如く修行することあらん。若しは経巻所住の処、（略）若しは山谷曠野《せんごくこうや》にても、是の中に塔を起《た》てて供養すべし。所以《ゆえ》は何《いか》ん。当《まさ》に知るべし。是の処は即ち是れ道場なり。

（法《ほ》華《け》経《きょう》）

第二十一神力品《じんりきほん》のはじめ、仏陀は一切の毛孔《もうく》より無量の光を放ちたまい、十方世界を照らしたもう。十方の衆生は、遙かにこの娑婆《しゃば》世界を見、釈迦・多宝の二仏に供養の品々をささげ「南無《なむ》釈迦牟尼仏《しゃかむにぶつ》」とくりかえし高声に叫ぶ。十方世界からの供養の品々は、雲が集るように宝帳となって諸仏の上を覆《おお》う。この時、上行菩薩をはじめとする地涌《じゆ》の菩薩に、如来一切所有《しょう》の法、如来一切自在神力《じざいじんりき》、如来一切秘要《ひよう》の蔵、如来一切甚深《じんじん》の事《じ》、皆この経に宣示顕説《せんじけんぜつ》すとて、この経の滅後の弘経を上行等の地涌菩薩に付嘱《ふぞく》される。いわゆる結要付嘱《けちようふぞく》である。つづいて、ここに掲げた文が述べられる。

「是の故に汝等如来の滅後において、まさに一心に受持・読・誦・解説・書写し、説の如く修行すべし。所在の国土に、もしは受持・読・誦・解説・書写し、説の如く修行することあらん。もしは経巻所住《きょうかんしょじゅう》の処、もしは園《その》の中においても、もしは林の中においても、もしは樹《き》の下《した》にても、もしは僧房《そうぼう》においても、もしは白衣《びゃくえ》の舎《いえ》（在家の人の家）にても、もしは殿堂に在っても、もしは山谷曠野《せんごくこうや》にても、この中に皆塔をたてて供養すべし。所以《ゆえ》は何《いか》ん。まさに知るべし、この処は即ちこれ道場なり、諸仏ここに於て阿耨多羅三藐三菩提《あのくたらさんみゃくさんぼだい》（無上のさとり）を得、諸仏ここにおいて法輪を転じ（説法すること）、諸仏ここにおいて般涅槃《はつねはん》（世を去ること）したもう」と。

ここに示された教を「即是道場《そくぜどうじょう》」の思想という。経巻のあるところ、それが園・林・樹下・僧房・白衣の舎・殿堂・山谷曠野のどこであれ、そこに「塔を建てて供養せよ」といわれる。何故か。そこが道場である。仏はそこでさとりを開き、そこで説法し、そこで亡くなられたからだ、と。

宮沢賢治の詩に「われはこれ塔建つるもの」というのがある。塔を建てるとは、法華経の教えにみちびかれて生きた証《あかし》である。「説の如く修行する」ことである。「説の如く修行する」ものの居るところ、そこはそのまま道場であるという。理《り》の戒壇《かいだん》である。

農民にとって畑や田んぼが道場である。工場で働く人にとって工場が道場である。自分の職場で身命を賭して働くのである。そこに法華経のこころがある。
吉川英治の小説『宮本武蔵』の中で、師武蔵《むさし》に師事した伊織《いおり》は、来る日も来る日も、武蔵野で田を耕し、薪を割る生活がつづく。師は一向に剣の道を教えてくれない。ついに伊織は武蔵に、いつになったら剣の道を教えてくれるのかと問う。これに対して武蔵が言ったのは「これが剣の道だ」と。田を耕すこと、薪を割ること、そのことがそのまま剣の道だというのである。まさしく「即是道場《そくぜどうじょう》」のこころである。

㊳ 汝らまさに一心に観世音菩薩《かんぜおんぼさつ》の名号を称すべし。是の菩薩はよく無《む》畏《い》をもって衆生に施したもう。

（法《ほ》華《け》経《きょう》）

神力品第二十一で地涌《じゆ》の菩薩への別付嘱《べつぷぞく》。つづく嘱累品《ぞくるいほん》第二十二で迹化《しゃっけ》の菩薩に対する総付嘱《そうふぞく》が行なわれ、以後は滅後の弘経《ぐきょう》の必要と、弘経者の功徳と、諸菩薩及び諸天の弘経者擁護が詳説される。

第二十三薬王菩薩本事品では、薬王菩薩が過去に一切衆生憙見《きけん》菩薩として焼身供養《しょうしんくよう》した話。第二十四妙音菩薩品では、三十四身に変化して法華経を説く話。第二十六陀羅尼品《だらにほん》では菩薩・諸天が神呪《しんじゅ》を説いて、法華経受持者を擁護することを述べ、第二十七妙荘厳王本事品《みょうしょうごんのうほんじほん》では、妙荘厳王の王子浄蔵《じょうぞう》・浄眼《じょうげん》が、父母を勧めて法華経を聴聞させる話。最後の第二十八普賢菩薩勧発品では、滅後に法華経を得る方法としての四法を説いて終る。

○

観世音菩薩普門品《ふもんぼん》第二十五は、観音経ともよばれ、かつては単行の経典として流布していたであろうものが、のち法華経の一章として加えられたといわれる。

冒頭、無尽意《むじんに》菩薩が起って「観世音菩薩は何の因縁を以てか観世音と名くる」と問う。これに答えて「苦悩を受ける衆生が、観世音菩薩の名を称《しょう》せば、あらゆる苦しみから解放される」とあって、その具体的な例があげられる。

さらに無尽意菩薩が、観世音菩薩は、いかにこの娑婆世界に遊び、いかにして衆生のために法を説くか、という問にこたえて、いわゆる三十三身に身を変化して、衆生を救済することが説かれる。

三十三身とは、仏・辟支仏《ひゃくしぶつ》・声聞《しょうもん》・梵王《ぼんのう》・帝釈《たいしゃく》・自在天《じざいてん》・大自在天・天大将軍《てんだいしょうぐん》・毘沙門《びしゃもん》・小王・長者・居士《こじ》・宰官《さいかん》・娑羅門《ばらもん》・比丘《びく》・比丘尼《びくに》・優婆塞《うばそく》・優婆夷《うばい》・長者婦女《ぶにょ》・宰官婦女・婆羅門婦女・童男・童女・天・竜・夜叉《やしゃ》・乾闥婆《けんだつば》・阿修羅《あしゅら》・迦楼羅《かるら》・緊那羅《きんなら》・摩睺羅伽《まごらか》・執金剛神《しゅうこんごうしん》の三十三とせられる。(経典には最後の執金剛神の前に、人・非人の二つが書かれていて三十五身となる)

ここに観世音菩薩と三十三という数字の関係がうまれ、三十三箇所の札所がうまれてくるのである。

後半は広く知られている「世尊偈《せそんげ》」と称される偈文《げもん》(詩の形)である。ここにあげられる苦難と、その救済を列挙すると、

1 火坑《かきょう》(火のあな)につき落されても、火坑は池水となる。

2 竜魚の住む海に落されても沈まない。

3 高山からつき落されても虚空《こくう》にとどまる。

4 大山がくずれ落ちてきても一毛だに傷つかない。

5 大勢の怨賊《おんぞく》に取り囲まれても、彼らは慈心をいだく。

6 死刑執行されようとしても刀は段々に折れる。
7 手枷《てかせ》・足枷《あしかせ》で縛《しば》られても、自然に解ける。
8 呪咀《じゅそ》・殺害《さつがい》の難にあっても、かえって害は本人にかえる。
9 悪鬼・羅刹《らせつ》も殺害できぬ。
10 悪獣も速かに四方に逃げる。
11 おそろしい毒蛇の毒煙も自然に消える。
12 雷電《らいでん》・雹雨《ばくう》も速かに消散する。
以上のように、あらゆる世間的な苦しみが迫っても観音妙智の力が、よく救ってくれる、とある。

○

観世音とは、世音を観ずる、つまり世の人々の声を聞いて下さるのである。そんな苦しみのなかで、ひとたび観世音菩薩のみ名を称するならば、ことごとく苦しみから解脱《げだつ》する、つまり無畏《むい》(畏はおそれ)を施して下さる。観世音菩薩を「施無畏者《せむいしゃ》」ともよぶわけである。

㊴　一切の業障海《ごっしょうかい》は皆妄想《もうそう》より生ず、若し懺悔《さんげ》せんと欲せば端座《たんざ》して実相《じっそう》を思え、衆罪《しゅうざい》は霜露《そうろ》の如し、慧日《えにち》能く消除《しょうじょ》す。

（観普賢菩薩行法経《かんふげんぼさつぎょうぼうきょう》）

観普賢菩薩行法経、略して観普賢経は、劉宋の元嘉年中（四二四—四五三）カシミールの人、曇《どん》摩蜜多《まみった》の訳。ベーサリー（毗舎離国《びしゃりこく》）の大林精舎、重閣講堂《じゅうかくこうどう》にて釈尊入滅三か月以前の所説。つまり法華経のあと、涅槃経の前に説かれたものである。本文中「広く妙法を説きたもうこと妙法蓮華経の如し」などとあり、法華経、多宝塔、法華一実の義などに触れられており、法華経最後の普賢菩薩勧発品《かんぼっぽん》を承けて、普賢菩薩を観ずる方法と功徳、大乗経典の受持、読誦乃至流布をすすめている。なかでも正宗分では、普賢菩薩観と、六根懺悔法《ろっこんさんげほう》を説かれる。よって天台大師によって法華経の結経とされた。

○

ここに掲げた一文は、正宗分に入って、さきに説いた六根懺悔法をふりかえる偈のしめくくりに述べられた一節である。

六根懺悔法とは、眼耳鼻舌身意にもとづく罪障《ざいしょう》を懺悔《さんげ》するのである。経中に「唯だ願わくば哀愍《あいみん》して我が眼根の不善悪業障《ふぜんあくごっしょう》を悔過《けか》する法を聴《ゆる》したまえ」という如くである。そしてその罪障とは「無量世に於て眼根の因縁をもって諸色に貪著《とんじゃく》す。色に著するを以ての故に諸塵《じん》に貪愛《とんない》す」といわれる所以《ゆえん》である。

懺悔とは、過去の罪を悔いて仏・菩薩・師長・大衆の前に告白し、謝することである。摩訶止観《まかしかん》（天台大師智顗《ちぎ》の著）に、事懺《じせん》と理懺《りせん》の区別が述べられている。事懺とは、礼拝・誦経など身・口・意の具体的な行為にあらわした懺悔で、普通に懺悔というのはこれである。理懺とは実相の理を観じて罪を滅する懺悔で、今ここに掲げた文は、まさにこれにあたる。

あらゆる悪業のさわりは、ありもしないものをあると見る、あやまった見方から生まれる。もし罪を悔《く》い、ゆるしを請《こ》おうとするならば、姿正しく坐して、すべての存在の真実の姿を思念せよ。そうすれば、もろもろの罪は、霜や露のように、太陽の如く無限広大な仏の智慧によって消えうせてしまうであろう、というのである。

法華経方便品に「唯《た》だ仏と仏と、乃《いま》しよく諸法の実相を究尽《くじん》したまえり」とあった。諸法《しょほう》の実《じっ》相《そう》である。ものはあるがままにある、ということである。

ものはあるがままにある。にもかかわらず、我々凡夫は顚倒《てんどう》の見をもって、ありもしない我《が》をたて、我に妄執《もうしゅう》し、あらゆる煩悩の波をまきおこしているのである。端座《たんざ》して、とある。心静かに正坐し、妄念《もうねん》を払って冷静に実相を見つめていく時、自ら明らかになってくるのである。とはいえ、簡単なことで実相が見えてくるのではない。そこに

「諸仏世尊は常に世に住在したもう。我れ業障《ごっしょう》の故に方等《ほうどう》を信ずと雖も、仏を見たてまつること了《あきら》かならず。今、仏に帰依したてまつる。唯だ願わくば釈迦牟尼仏正遍知世尊《しょうへんちせそん》、我が和上《わじょう》となりたまえ。文殊師利具大慧者《ぐだいえしゃ》、願わくば智慧を以て我に清浄の諸の菩薩の法を授けたまえ」となるのである。

㊵　善男子、我《が》とは即ちこれ如来蔵《にょらいぞう》の義なり。一切衆生悉く仏性《ぶっしょう》あり、即ちこれ我の義なり。かくの如き我の義や、本《もと》よりこのかた、常に無量の煩悩《ぼんのう》に覆《おお》わる。この故に衆生は見ることあたわず。

（涅《ね》槃《はん》経《ぎょう》）

大乗涅槃経には、北涼《ほくりょう》の曇無讖《どんむしん》訳の北本四十巻本と、宋代の慧厳《えげん》等の再治した南本三十六巻本と、この南北両本の前半にあたる六巻の泥洹経《ないおんきょう》（東晋の法顕《ほっけん》・仏駄跋陀羅《ぶつだばだら》共訳）がある。南本は北本を基とし、六巻泥洹経を参照し、一致する部分の品名を細設し、調巻を改め、多少字句を修正したものである。中国、日本の学者に最も多く親しまれているのは南本である。だから六巻泥洹経と南本の品名はほぼ同じで、南本は二十五品、北品は十三品からなる。南本二十五品は次の通りである。

1序品、2純陀《じゅんだ》品、3哀歎《あいたん》品、4長寿品、5金剛身品、6名字功徳《みょうじくどく》品、7四相品、8四依《しえ》品、9邪正《じゃしょう》品、10四諦《したい》品、11四倒《しとう》品、12如来性品、13文字品、14烏喩《うゆ》品、15月喩《げつゆ》品、16菩薩品、（以下南北本同じ）17一切大衆所問品、18現病品、19聖行《しょうぎょう》品、20梵行《ぼんぎょう》品、21嬰児行《ようにぎょう》品、22光明遍照高貴徳王菩薩《こうみょうへんじょうこうきとくおう》品、23師子吼《ししく》菩薩品、24迦葉《かしょう》菩薩品、25憍陳如《きょうじんにょ》品、である。

涅槃経は、一言もってこれを言えば、「如来常住《にょらいじょうじゅう》」と、「悉有仏性《しつうぶっしょう》」とを説いたもので、この大部な涅槃経は、幾層かの発展段階を経て成立したものである。たとえば、前半ではきびしく「仏性なし」といわれた一闡提《いっせんだい》が、後半になると成仏の可能性が説かれる、という一事でも知ることが出来る。ともかく仏陀の涅槃によせて、誤れる「涅槃《ねはん》」の義を正すというのが大目的である。

ゆたかな仏教思想を包蔵した一つの大きな体系で、語り始めると、あれもこれもとなって果てしなくひろがってゆく。そんななかで重要な箇所を一〇取りあげて、涅槃経の何たるかを述べてみたい。

○

ここに掲げた文は、南本如来性品のはじめにある。

一切衆生悉有仏性である。すべての生きとし、生けるもの、みな仏性を具している。だが無量の煩悩《ぼんのう》に覆《おお》われて、衆生自身見ることが出来ない。これを如来によって開示されて始めて知るのである。

ここに「貧女宝蔵のたとえ」が説かれている。貧しい女の人の家に純金を蔵しているというのだが、誰もその場所を知らない。ある時、一人の人がその貧女に「私はあなたを雇おう、草を苅って下さい」と。ところが、その貧女が言うのに「私は雇われるわけにまいりません。どうか私の子に純金のありかを教えて下さい。そうしたらあなたのために働きましょう」と。そこでその人が「よろしい、私があなたの子供に教えてあげよう」と。ところが貧女が言うのに「私の家の大小さえ知らないで、どうして純金のありかがわかるものですか」と。しかしその人は「いや、いや、私にはわかるのです」と。そこで貧女は「私ももちろん見たい。教えて下さい」と。ついに純金を掘りあててくれたので、貧女はその人を大変尊敬したというたとえ話であります。

この貧女とは、われわれ衆生、掘りあててくれた人とは如来にほかならず、純金とは言うまでもなく仏性であります。

如来蔵《にょらいぞう》の蔵とは、無量の煩悩に覆われ、隠れて見えないことを意味しています。涅槃経は、この隠れて見えない如来蔵、つまり仏性を開顕して自覚させることに最大の意義をもつものであります。

㊶ 一闡提《いっせんだい》の輩《やから》もまたまたかくの如し。かくの如き大般涅槃微妙《みみょう》の経典を聞くと雖《いえど》も、終に菩提心《ぼだいしん》の芽《め》を発《おこ》すこと能《あた》わず。(略)何を以ての故に、この人の一切の善根《ぜんごん》を断滅《だんめつ》すること、彼の焦種《しょうしゅ》の如く、また菩提の根芽《こんげ》を生ずること能《あた》わざるなり。

(涅《ね》槃《はん》経《ぎょう》)

ここに掲げたのは、菩薩品のなかの文である。涅槃経は、一切衆生悉有仏性《しつうぶつしょう》を説くことが眼目であるが、そのなかでいつも問題になるのが「一闡提《いっせんだい》」の取扱いである。簡単にわり切った言い方をすると、前半においては、この文にあるように、いたるところで「一闡提を除く」と、すべてのものに仏性があるにもかかわらず、一闡提だけは除かれている。

一闡提の定義も微妙な違いを見せているのであるが、今ここに、次の一切大衆所問品の定義をあげると、

「麤《そ》悪《あく》の言《げん》を発して正法を誹謗《ひぼう》し、この重業を造りて永く改悔《がいけ》せず、心に慚愧《ざんき》なき」者とあり、また、「もし四重《しじゅう》を犯《おか》し、五逆罪《ごぎゃくざい》を作して、自ら定んでかくの如き重事を犯せりと知り、しかも心に初めより怖畏《ふい》慚愧《ざんき》なく、肯《あえ》て発露《ほつろ》せず、彼の正法において永く護惜建立《ごしゃくこんりゅう》の心なく毀呰《きし》軽賤《きょうせん》して言に過咎《かく》多き」者。また、「もし復説いて仏法僧なしという」者とある。

一闡提の道に趣向するものとして以上の三種があげられている。すなわち「正法を誹謗《ひぼう》して悔いざる者」「逆重の罪を犯して慚愧なき者」「仏法僧の三宝なしと説く者」である。もともと一闡提とは、梵語のイッチャンティカで、断善根《だんぜんごん》・信不具足《しんふぐそく》などと訳される。

菩薩品では、日月の光明はあらゆる光明のなかで最上のものである。この大涅槃も、あらゆる

経典のなかで最上のものであって、この大涅槃の光は衆生の毛孔《もうく》に入って、菩《ぼ》提心《だいしん》のないものも、菩提の因縁となると説く。これに対して迦葉《かしょう》菩薩は浄戒を持ち、諸善を修習したものと何の区別があるのか、と反問すると、仏は「一闡提を除くあらゆる衆生は、この経を聞くことが菩提の因となる」とくりかえされている。ただ一闡提を除く、というのである。

そして「焦種《しょうしゅ》」とは、火で焦《い》った種子のことである。この文のすぐ前に「たとえばその焦った種子が雨にあうこと百千万劫《こう》たっても、ついに芽を出すことはない」とあって、一闡提の輩もまたまたかくの如し、とつづくのである。

さきにもあったように、この大涅槃経は諸経のなかで最もすぐれたものであり、その大涅槃の光は衆生の毛孔に入って「菩提の因縁をつくる」のであるが、焦ってしまった種子のように、一闡提は菩提の芽を出すことはない、と宣言されているのである。このあともいくつかのたとえをあげて、一闡提不成仏を説きつづける。

たとえば、明珠を泥水の中に入れると、珠の威徳で水が澄んでくるが、一闡提の於泥に入れた時は澄んでこない、ともある。

また大涅槃はすばらしい薬の樹のようなもので、一切衆生のあらゆる病気はたちまち癒える。

だが、一闡提だけは治することがかなわない、等の例があげられている。

ところが、同じ菩薩品のなかで、微妙なニュアンスの違いを思わしめる一節もある。

「彼の一闡提は仏性有りと雖も、しかも無量の罪垢《ざいく》に纏《まと》われ、出ずること能わざる、蚕《かいこ》の繭《まゆ》におるが如し」とある。罪垢に纏われて出られない、という点を強調しているのだが「仏性ありと雖も」という一句は、のちに一闡提も成仏すると言われる根拠となっていくのである。まことに微妙なニュアンスの違いである。

㊷ 菩薩、その時に心に自ら念言《ねんごん》すらく「我れ今、もし突吉羅罪《ときらざい》を犯して発露《ほつろ》せずば、則ち生死《しょうじ》の彼岸《ひがん》に渡りて涅槃《ねはん》を得ること能《あた》わず」菩《ぼ》薩摩訶薩《さつまかさつ》は、この微少《みしょう》の諸戒律《しょかいりつ》の中に於てだも護持堅固《ごじけんご》にして心は金剛《こんごう》の如し。

（涅《ね》槃《はん》経《ぎょう》）

聖行品に入ると、仏は迦葉《かしょう》菩薩に対して、菩薩は大涅槃経において専心に五種の行を思惟すべきことを説かれた。すなわち、聖行《しょうぎょう》、梵行《ぼんぎょう》、天行《てんぎょう》、嬰児行《ようにぎょう》、病行《びょうぎょう》の五つである。聖行とは戒《かい》・定《じょう》・慧《え》の三学《さんがく》によって修する、菩薩の正行であり、梵行とは、愛著のない浄い心で衆生の苦を抜き、楽を与える行である。天行とは、天然の理によってなしとげられる勝れた行をいい、嬰児行《ように》とは、あたかも嬰児に対する如く、人・天・小乗の小善の行に同じてふるまう行をいい、病行とは、衆生と平等なりという心から煩悩の病ある衆生と同じように、自らも煩悩や苦があることを示現するという行である。

なおこの五種の行のほかに如来行《にょらいぎょう》があり、これは大乗涅槃経なり、とあって五種の行の根底となるものである。

この五種の行を説く経典に聖行品・梵行品・嬰児行品があり、梵行品の末尾に「天行品は雑華《ざっけ》に説く如し」とのみあり、病行は聖行品に先んずる現病品《げんびょうぼん》の一部がこれに相当すると考えられる。

○

さてここに掲げた一文は、聖行品の文で、聖行の聖とは諸仏世尊のこと、だから諸仏の境地たる涅槃経に信順して奉行《ぶぎょう》する故に聖行というのである。涅槃経の精神に立脚した仏教の真正な修行をいう。

涅槃経は、中国の学者たちによって「扶律談常《ふりつだんじょう》」の教えであると言われてきた。教団を粛正して厳格な戒律生活を振起しようとしたことが、一つの大きな特色となっている。

ここに掲げた文に先立って、次のような物語が述べられている。

「ある人が浮袋を持って海を渡ろうとした。ところが海中で羅刹《らせつ》に出あった。そして言うには、その浮袋を貸してくれと。この浮袋を貸したら、この私が沈んで死んでしまう、と答えると、羅刹はなお言う、じゃあ半分貸してくれ、半分がいやなら三分の一、それがダメなら手だけ貸してくれ、と。しかしその人はこれからどれぐらいかかるか知れない。あなたはなるほどわずかを求めているのだが、そのわずかを貸すことによって、途中で沈んで死んでしまうことになりかねない、と。」

こう言って、何としても、その浮袋を貸さなかったという。そこで経典はいう――「菩薩摩訶《ぼさつまか》薩《さつ》の禁戒を護持するも、またまたかくの如し」という。その人が浮袋を護り惜しんだように、禁戒を護り惜しめ、と教えている。

ここにある「突吉羅《ときら》」とは、戒律の五つの分類の一つで、悪作《あくさ》と訳し、自己の悪行を心で悔いる意である。比丘の二百五十戒のうち、不定の二と、百の衆学と、七つの滅諍《めつじょう》というのがこれにあたる。不定とは、比丘が人のいない処で女人と坐していたもので、それだけでは罪の判定ができないので不定。衆学とは、行儀作法のこと。滅諍とは、比丘たちの言い争いのおさめ方である。つまり突吉羅《ときら》とは、軽い罪を言っているのである。だからこの文の終りにあるように「微少の諸戒律の中に於てだも護持堅固にして心は金剛の如し」とあるのである。

涅槃経成立当時の教団の中には、仏陀の戒律を守る厳粛な精神が弛緩《しかん》し、種々の非法が仏陀より許されたものとして勝手に解釈される傾向が生じていた。それを戒めて厳格な戒律生活を振起しようとしたのである。

㊸ 汝、今我を念ず。我れ汝を以ての故に、またまさに彼を敬すべし。この故にともに請《しょう》じて我が家に住せしむ。

(涅《ね》槃《はん》経《ぎょう》)

ここに掲げた文は、聖行品にある「姉妹共倶《しまいくぐ》」のたとえの末尾に近い一文である。
『迦葉《かしょう》よ、女の人がよその家に入るようなものだ。その女の人は、とても美しく、また美しく着飾っていた。そこでその家の主人が名を問うと、功徳大天《くどくだいてん》という。聞けば、いたるところで、あらゆる金銀を始め宝石類や、車や奴婢さえも与えるという。主人は大喜び、これは私に福徳がやってきたんだ。さあ、どうぞ、どうぞと招き入れ、焼香・散花・供養・恭敬・礼拝したというのである。

ところが同じころ、また一人の女の人が門外に立った。今度は見るからにみすぼらしい格好《かっこう》で、顔かたちもみにくく、垢《あか》づいていた。主人が名を問うと、黒闇《こくあん》だという。何故そんな名前なのかと聞くと、私の行くところ、いたるところで、財宝がなくなるのです、という。そこで主人は縁起でもない、と刀をふりあげて、出ていかねば切るぞ、と脅《おど》したら、その女がいうのに、何てお前はバカなんでしょう。あなたの家に居るのは私の姉で、私たちはいつも姉妹一緒なんです。この私を追っ払うなら、もちろん姉も追っ払わねばなるまい、と。そこで主人が家に請じ入れた功徳大天に聞くと、その通り黒闇は私の妹だという。そして言うには、

「我れつねに好を作し、彼常に悪を作す。我常に利益し、彼常に衰《すい》を作す。もし我を愛せば、またまさに彼をも愛すべし」と。

そこで主人は「もしかくの如き好悪のことあらば、我れともに用いず」と、姉妹ともに追い払

った。

ところがこの二人、ある貧しい人の家にやってきた。そしてその貧しい人は「どうか二人共私の家にいて下さい」と。そこで功徳大天が言うのには「私は今追い払われたばかりです。なのにどうしてこの私たちを住まわせるのですか」と。これに答えたのが、ここに掲げた文で「あなたは今私を念じてくれました。だから私は、あなたのご縁でもう一人の人をも敬います。だから一緒に来て私の家に住んでください」と。

人間は生死に貪著《とんじゃく》する。人間が生に執着するのは言うまでもない。そして一方死についても執着し、死後の永生を願う。

生とは何か、死とは何か。生とは、いまここにかく生きている、ということである。誕生から死までの連続した時間を生と考えるのは、生物学的な生であり、考えられた生である。今ここにかく生きていることこそ「生」なのであり、その「生」は、次の瞬間何の確かさもない。つまり、「生」はつねに「死」にさしかけられてある。

ここでいう功徳大天は「生」を、黒闇は「死」を象徴する。生あれば死があるのである。生を愛し、死を憎む世の人々のあやまりを指摘しているのである。

姉妹共倶《しまいくぐ》のたとえは、生にとらわれることも、死におちこむことも、ともに迷いであり、生死ともに超越するところに、さとりのあることを教えている。だから経典に「倶《とも》に捨てて、かつて愛心なし」といっている。

㊹ **譬《たと》えば牛より乳を出し、乳より酪《らく》を出し、酪より生酥《しょうそ》を出し、生酥より熟酥《じゅくそ》を出し、熟酥より醍醐《だいご》を出す。醍醐は最上なり。もし服する者あれば衆病皆除く。**

（涅《ね》槃《はん》経《ぎょう》）

聖行品のなかで住無垢蔵王《じゅうむくぞうおう》と名づける菩薩が、うやうやしく仏に向って申すには、「世尊よ、仏のおっしゃるように、諸仏世尊の成就する智慧はかり知れない。私が思うに、なかでもこの大乗経典にもましてすぐれたものはない。何故かと言えば、この大乗方等経によって諸仏世尊は、無上のさとりを得られるからである。」と。

これに対して仏は、「よいかな、よいかな、善男子よ、その通りである。汝が説く通りだ。もろもろの大乗方等経は、無量の功徳を成就するが、この大乗涅槃経に比べれば、喩《たと》えにもならない。百倍、千倍、百千万億倍、乃至計算のかぎりでない」と。そう言ってここに掲げた譬えを述べられるのである。

乳・酪《らく》・生酥《しょうそ》・熟酥《じゅくそ》・醍醐《だいご》を五味という。牛乳を精製する時の五段階である。乳はしぼりたての乳そのもの、酪《らく》は牛乳から精製された脂肪を主成分とするバター、チーズの類、生酥《しょうそ》とは、酪の上にたまるものでクリームを主成分とする煉乳、熟酥《じゅくそ》は生酥の発酵したもの、芳香ある乳酸菌飲料、醍醐《だいご》は酥を精製して取る液で濃厚甘美、薬用などにする。つまり取り立ての乳から次第に精製していく過程を五つの段階としたものである。

そしてこの文より数行あとに「大涅槃は醍醐の如し」とある。つまり大涅槃経が最上の教であることを説くための譬え話なのである。

ところが後世、この五味の段階を釈尊説法の次第として取りあげた学者が多い。涅槃経そのものも、

「仏より十二部経を出し、十二部経より修多羅《しゅたら》を出し、修多羅より方等経《ほうどうきょう》を出し、方等経より般若波羅蜜《はんにゃはらみつ》を出し、般若波羅蜜より大涅槃を出す。猶し醍醐の如し」とある。

中国で天台大師智顗《ちぎ》が、これによって五時の教判をたて、華厳《けごん》・阿含《あごん》・方等《ほうどう》・般若《はんにゃ》・法華涅槃《ほっけねはん》としたことは広く知られるところである。

涅槃経の本文では、これにつづいて迦葉菩薩が大涅槃経を讃歎し、醍醐の如しとくりかえし述べたあと、

「皮をはいで紙となし、血をもって墨とし、髄《ずい》をもって水とし、骨を折って筆とし、この大涅槃経を書写し、読誦しよう」と誓うのである。いわゆる「血写経《けっしゃきょう》」である。

血写（または血書）については、菩薩本行経《ぼさつほんぎょうきょう》巻下に「優多梨《うたり》仙人は、時に一偈の為の故に、身の皮を剝ぎて紙となし、骨を折って筆となし、血用て墨に和す」とあり、梵網経巻上に「血を刺して墨となし、髄を以て水となし、骨を折って筆となし、仏戒を書写す」とある。

後世経文を血書する風の行なわれたのは、これらの経文に由来する。石山本願寺騒動の時、一向門徒が弥陀の画像に起請文《きじょうもん》を血書したというのは有名な話である。

㊺　善男子《ぜんなんし》、いかんがこの地を名けて極愛《ごくあい》といい、また一子《いっし》と名くる。
善男子、譬えば父母の子の安穏《あんのん》を見て、心大いに歓喜するが如く、

菩薩摩訶薩《ぼさつまかさつ》のこの地に住するもの、またまたかくの如し。

(涅《ね》槃《はん》経《ぎょう》)

梵行品《ぼんぎょうぼん》に入って七善法《ひちぜんぽう》を説いたのち、慈悲喜捨《じひきしゃ》の四無量心《しむりょうしん》を説く。「慈」については、「一切の声聞《しょうもん》・縁覚《えんがく》・菩薩・諸仏如来のあらゆる善根は、慈を根本とす」「慈とは衆生の仏性なり」「慈とは即ち如来なり」等のように教えている。

そして「慈・悲・喜を修しおわりて、極愛一子《ごくあいいっし》の地《ち》に住することを得」と述べて、冒頭にかかげた文につづくのである。

「極愛一子地」あるいは「一子想《いっしそう》」とは、仏が生きとし生けるものを、すべて平等の一子として愛することとである。

さきの長寿品《ちょうじゅぼん》の中で、仏の長寿の業因縁は一子の想を持つことであるというのに対して、迦葉《かしょう》菩薩は、仏法のなかで戒を破るもの、逆罪をなすもの、正法をやぶる者あり、いかんぞかくの如き等の人に於て子想を同じうすべけんや、と問うている。すべての人を一子の如く平等に、というが現実には持戒のものもあれば破戒のものもあると詰問《きつもん》しているが、ここでは仏は「かくの如し、かくの如し、我れ衆生に於て実に子想をなすこと、羅睺羅《らごら》の如し」つまり釈尊の衆生を見ること、釈尊の実子羅睺羅に対すると異ならぬ、というのである。しかしすぐ続いて、戒をやぶり、罪をおかすものを見れば、責め、しりぞけねばならぬ。もし、人、これを見て責め、しりぞけねば、仏法の怨であると教えられている。

さてここの本文につづいては、もろもろの衆生が善を修するのを見たならば大いに喜ぶ、これを極愛といい、逆に子どもが病気にかかったらこれを悩み、衆生が煩悩の病におかされているのを見たなら心に憂いを生ずる。この地を一子想というのである。

子どもが土や石や木の枝をひろって口の中にでも入れると、親は左手で頭をおさえ、右手で取出すように。また、衆生が、身口意《しんくい》の不善を行ずるのを見たならば「智手《ちしゅ》」(智慧のはからい)をもってこの不善を取り除くのもまた一子の地に住するからである。

ここで一闡提《いっせんだい》に説き及ぶ――

一闡提が地獄におちるのを見ては、ともに地獄の中に生じようと願う。なぜかと言えば、この一闡提が苦を受けている時、たとえわずかな改悔《がいけ》の心でも生ずるなら、いろいろ説き聞かせて、彼をして一念の善根を生ずることが出来るようにしよう、とある。ここには一闡提成仏の可能性が、ほの見えている。

梵行品は、そのはじめに、慈に三縁あり、とて、衆生縁・法縁・無縁を説いている。衆生縁とは、父母、妻子、親属を縁とするが如し、とあるように、親しい交わりを縁とした慈悲であり、法縁とは「諸の衆生の所須《しょしゅ》（必要とするもの）の物を縁じてこれを施与《せよ》す」とある。世の人々のそれぞれの要求に応じた慈悲である。それに対して「無縁の大悲」といわれる。無縁とは「法相及び衆生相に住せざる」つまり親しい交わりも、人々の要求をもこえた平等な大きな慈悲である。この無縁の大悲こそが、ここに説く「極愛一子地」「一子想」にほかならない。

㊻ **二つの白法《びゃくほう》ありてよく衆生を救う。一つには慚《ざん》、二つには愧《き》なり。慚とは自ら罪を作らず、愧とは他を教えて作らしめず。慚とは内自ら羞《は》じ、愧とは天に羞ず。これを慚愧という。**

（涅《ね》槃《はん》経《ぎょう》）

仏在世のころ、マガダ国頻婆娑羅王《びんばしゃらおう》の子、阿闍世《あじゃせ》王は、仏の従弟《いとこ》である阿難《あなん》の兄、提婆達多《だいばだった》にそそのかされて父王を害した。この事実については、同じく涅槃経の迦葉菩薩品に善見太子として語られているが、ここ梵行品では、その非を悔い、仏陀に入信する経緯が述べられている。

阿闍世王《あじゃせおう》は、罪なき父を害した報いを心に悔い、体中に瘡《きず》を生じ、その臭気は近寄れない程であった。母の韋提希夫人《いだいけぶにん》が、いろいろ薬を塗ったが「四大によって起ったのでなく、心から生じた」瘡であったので、どんな医者もなおすことが出来ないだろう、と思われた。

憂いにしずみ、すぐれぬ顔色をしている王に、大臣月称《げっしょう》を始め、臣下がつぎつぎやってきた。王は「今、私の身も心も痛まないいわけがあろうか。私は罪なき父を害した。世の智者に聞けば地獄は必定である」、と。「おそらくいかなる良医も、治することはむつかしかろう」と。

ところが、今の月称をはじめ、蔵徳《ぞうとく》・実得《じっとく》・悉知義《しっちぎ》・吉徳《きちとく》・無所畏《むしょい》ら六人の臣下たちは、それぞれ「大王よ、憂うるなかれ、大師あり」と仏在世当時の六人の外道《げどう》（仏教以外の宗教家）に教を乞うようすすめた。

しかし最後に耆婆《ぎば》という大医にあい、その「大王、安眠を得るや否や」という問に、まず偈をもって答えたあと、

「耆婆《ぎば》よ、私の病は重い。正法を守る父王に逆害を施した。昔から智者の言うように、おそらくは地獄におちるであろう。どうして安眠できようか。どうか大医王よ、私に法を説け」と。そ

こで耆婆が言うことばが、ここに掲げた文である。耆婆は大王を慰めて、世に悪業を犯すものは多いが、王のように慚愧《ざんき》されたのは「罪則ち除滅して、清浄もとの如し」である。慚愧なきものを一闡提《いっせんだい》というが、王は一闡提ではない。どうして救われないことがあろうか、と。

かくて耆婆は、王を仏陀のもとにみちびく。しかし王はおのが罪の深さを思うと、どうして仏がこの私を救って下さるだろうか、と躊躇《ちゅうちょ》する。その時、天から声があって「仏もし世を去りたまわば、王の重悪さらに治するもの無けん」と。これは父王の声であった。それを聞いて王は地に悶絶《もんぜつ》する。

この時、仏は月愛三昧《げつあいざんまい》に入り、光明を照し、その光をあびて王の瘡《きず》は癒《い》えた。

そこで王の、仏はこの私を念じて下さるだろうか、という問に、耆婆は「譬えば一人に七人あり。この七人の中に一人、病に遇わんに、父母の心平等ならざるに非ざれども、然も病子に於て心則ち偏《ひと》えに重し」と、仏陀の慈悲を説く。

かくして仏の説法を聞いた王は「世尊、我れ世間に伊蘭子《いらんし》より伊蘭樹《いらんじゅ》を生ずるを見、伊蘭の栴《せん》檀《だん》を生ずるを見ず。我れ今始めて伊蘭子より栴檀樹を生ずるを見る。伊蘭子とは我が身これなり。栴檀樹とはこれ我が心、無根信《むこんしん》なり。無根とはわが初め、如来を恭敬《くぎょう》することを知らず、法僧を信ぜず。これを無根と名づく」と。かく無根信を生じ「世尊、もし我れ審《つまびら》かによく衆生の諸の悪心を破壊《はえ》せば、我をしてつねに阿鼻地獄《あびじごく》にありて、無量劫《むりょうこう》のうち、もろもろの衆生のために、大苦悩を受けしむとも、もって苦となさず」と発願したという。

㊼ **一切衆生悉く仏性あり。四重禁《しじゅうきん》を懺《せん》し、謗法《ほうぼう》の心を除き、五逆罪《ごぎゃくざい》を尽し、一闡提《いっせんだい》を滅し、然して後、阿耨多羅三藐三菩提《あのくたらさんみゃくさんぼだい》を成ずることを得。**

（涅槃経《ねはんぎょう》）

さきに菩薩品の一節をあげて、一闡提《いっせんだい》は一切の善根《ぜんごん》を断滅し、焦《い》った種子のようなもので、百千万劫《こう》たっても、決して菩提の根芽《こんげ》が生ずることはない、とあった。

つづいて梵行品では、菩薩は一闡提が地獄におちるのを見たならば、ともに地獄に生まれようと思う。一闡提が地獄の苦しみのなかで、もしわずかでも改悔《がいけ》の心をおこしたならば、種々に法を説いて一念の善根を生ずることが出来る、とあって一闡提成仏の可能性がかすかに説かれていた。

さらに、さき程の阿闍世王《あじゃせおう》入信に際して、仏が一闡提のためにさえ法を説くという一節に、一闡提には現世に善根を得るものと、後世《ごせ》に善根を得るものと二種あり、それぞれに法を説いて「もろもろの衆生の三悪道に堕するを見て、方便救済して出離を得しむ」とはっきり書かれている。

かくてここに掲げた文は、光明遍照高貴徳王《こうみょうへんじょうこうきとくおう》菩薩品の一節で「一闡提を滅し、然して後、阿耨多羅三藐三菩提を成ずることを得」と明らかに闡提の成仏が説かれている。

涅槃経の趣旨の一つが一切衆生悉有仏性《しつうぶつしょう》にあることはくりかえし述べてきた。しかし菩薩品のなかで迦葉《かしょう》菩薩が「仏の説かれた大涅槃の光が一切衆生の毛孔《もうく》に入って、衆生に菩提心がなくても菩提の因縁をなすといわれるが、この義しからず。四重禁《しじゅうきん》・五逆《ごぎゃく》・一闡提の人にも光明が身に入って菩提の因となるというならば、こういう人と、まじめに浄戒を持っている人と、何の区別があるのですか」と詰め寄っているシーンがある。

つまり悉有仏性という理の世界と、現実の差別の世界のギャップ。理の世界では悉有仏性であるが、修道の立場からは自から差別のあるのは言うまでもない。この二つの世界、言うならば事と理の世界のかねあいである。さらに言えば、涅槃経の所説そのものも方便施設《せせつ》して理は悉有仏性なれど、始めは修道論上の立場をふまえて「唯だ一人を除く」と、一闡提は菩提の根芽もない、としりぞけられていたのであるが、次第に論をすすめ、仏の大慈悲を説き、極愛一子地《ごくあいいっしじ》と説きすすみ、ここに一闡提も成仏する可能性を明言されるにいたったのである。

こうした考え方の発展したものに大悲闡提《だいひせんだい》の思想が生まれる。すなわち、入楞伽経《にゅうりょうがきょう》巻二の末尾、集一切仏法品《しゅういっさいぶっぽうぼん》三の一に、闡提に二種ありとして、謗法《ほうぼう》闡提と大悲闡提を説く。謗法闡提とは、いわゆる闡提である。これに対して大悲闡提とは菩薩である。菩薩が方便して「もし諸の衆生涅槃《ねはん》に入らずんば我も亦涅槃に入らじ」と、さきの梵行品にあったように、一闡提が地獄におちるなら、私も地獄に生まれようと志す菩薩のことである。入楞伽経においても「彼の一切善根を捨てたる闡提は、もし諸仏・善知識にあわば、菩薩心を発し、諸の善根を生じて、すなわち涅槃を証せん」と明言されている。その諸仏・善知識たらんとするものこそ、ここに説かれる大悲闡提である。

㊽ 世尊、我れ今日より乃《いま》し菩提にいたるまで、もし孤独《こどく》・幽繫《ゆうけい》・疾病《しっぺい》・種々の厄難《やくなん》・困苦《こんく》の衆生を見ては、暫くも捨《しゃ》せず、必ず安穏なら

しめんと欲し、義を以て饒益《にょうやく》し、衆苦を脱せしめ、然るのちに乃《すなわ》ち捨《しゃ》せん。

（勝鬘経《しょうまんぎょう》）

勝鬘経は、正しくは「勝鬘師子吼一乗大方便方広経《しょうまんししくいちじょうだいほうべんほうこうきょう》」とよぶ。勝鬘とは、仏在世時代の大国、コーサラの王パセーナディ（波斯匿王《はしのくおう》）と、その妃マッリカー（末利《まり》）夫人との間に生まれた娘で、そのころアヨードヤー（阿踰闍国《あゆじゃこく》）の友称王《ゆうしょうおう》に嫁していた。

波斯匿王《はしのくおう》と末利夫人《まりぶにん》は、仏の教を信仰していたが、娘にもこの教に接せしめようと、女官栴提羅《せんだいら》をつかわす。勝鬘夫人は、親書を読み、これを喜び、仏の徳を讃歎し、仏は空中に姿を現わして、勝鬘夫人に成仏の予言（授記《じゅき》）を与えられる。やがて仏となって普光如来《ふこうにょらい》となるであろう、と。

この授記を得た勝鬘夫人が、その決意の程を示されたのが十大願であり、ここに掲げた一文はそのうちの第八にあたる。

○

勝鬘経というお経の特色は、維摩経《ゆいまぎょう》が維摩詰《ゆいまきつ》と名のる在家の居士《こじ》を中心とすると同じく、勝鬘夫人が仏の威神力《いじんりき》を受けて説くという形になっている。日本の聖徳太子が、三経義疏《さんぎょうぎしょ》として、この維摩経、勝鬘経を法華経とともに重視されたのは、聖徳太子自身、出家なさることもなく、在家の信者として終始された結果であろう。

さてこの経典は「正法を摂受《しょうじゅ》する」という一点に中心があり、その正法とは一乗であり、如来蔵《にょらいぞう》であり、自性清浄心《じしょうしょうじょうしん》である。

○

さて、もとに戻って勝鬘夫人が決意のほどを示された十大受とは——

いずれも「我れ今日より乃し菩提《いま》にいたるまで」以下の誓いを守ろう、というのである。

1戒を犯さぬ、2目上の人を尊ぶ、3恚り《いか》の心をおこさぬ、4他人の幸せや、財産、地位をねたまぬ、5自分のものを惜しまぬ、6自分のために財産を貯えず、よるべなき人を助けるために貯える、7四つの法（布施《ふせ》・愛語《あいご》・利行《りぎょう》・同事《どうじ》）をもって人に接します、8（ここに掲げた文）9生きものを殺す人、仏の戒にそむく人を見逃さぬ、10正法を持ち、生涯忘れません。

以上の十項目であるが、なかで第八のここに掲げた文は——

「仏さま、私は只今より、さとりにいたるまで、孤独《こどく》の人、監禁《かんきん》されている人、病気の人、いろいろの苦しみにあう人、困《こま》っている人、そういう人を見たら瞬時も見捨てることなく、かならず安らかになるよう、義理を説いて、あらゆる苦しみから解放せずにはおきません」という意である。

大乗の菩薩の戒律に三聚浄戒《さんじゅじょうかい》がある。摂律儀戒《しょうりつぎかい》と摂善法戒《しょうぜんぼうかい》と摂衆生戒《せっしゅじょうかい》である。摂律儀戒とは一切の戒を受持すること。摂善法戒とは一切の善法を修すること。摂衆生戒とは一切衆生を利益することである。

今、ここにあげた十大受をふりかえると、一―五が摂律儀戒、六―九が摂衆生戒、十が摂善法戒にあたる。これを要するに、正法を受持するということであり、それによって正しい教えがいつまでも続く（令法久住《りょうぼうくじゅう》）ことを期するのである。

なかでも、他人の財産や幸わせ、地位に嫉《ねた》む心を起さぬとは、いかにも女性らしい願いであり、今ここにあげた第八の願いは、かつて光明皇后のなされた多くの社会事業に思い浮ぶとともに、現代仏教をふりかえって、深く考えさせられることである。

経典では、つづいて三大願、つまり摂受正法《しょうじゅしょうぼう》の大願が述べられる。

㊾この故に三乗は即ちこれ一乗なり。一乗を得とは、阿耨多羅三藐三《あのくたらさんみゃくさん》菩提《ぼだい》を得るなり。阿耨多羅三藐三菩提を得とは即ちこれ涅槃界《ねはんかい》なり。涅槃界とは即ちこれ如来《にょらい》の法身《ほっしん》なり。

（勝鬘経《しょうまんぎょう》）

勝鬘経は古来十五章にわけられる。これはおそらく中国の注釈者によってなされたものであろう、という。

その第五章は、一乗章と名づけられ、正法を摂受《しょうじゅ》するというのは、大乗（摩訶衍《まかえん》）であるとして、その一乗、すなわち大乗の内容に具体的に立入って説いている。そしてそれ以前は、勝鬘夫人が自分の理解したところを説いたのに対し、この章の冒頭で、仏は勝鬘夫人に「汝、今、さらに一切諸仏所説の摂受正法《しょうじゅしょうぼう》を説くべし」と命ぜられて勝鬘夫人が説法するという形式になっている。

そして二乗、すなわち声聞《しょうもん》と縁覚《えんがく》の到達する「涅槃《ねはん》」と、如来の「涅槃」とのちがいを五つの点から示し、如来が涅槃するというのは方便である、と説く。

如来の涅槃は方便であるとは、法華経如来寿量品の偈に「方便に涅槃を現《げん》ず」とある。「如来は智恵の故に生死に住せず」とある。如来はすでに般若の智、仏の智によって、無明《むみょう》を断じ、もはや六道《ろくどう》の衆生のように、生まれかわり死にかわり、輪廻《りんね》の生死《しょうじ》をくりかえさない、ということであり、また「慈悲の故に涅槃に住せず」とある。同じく法華経如来寿量品の長行には「我れ常に此の娑婆《しゃば》世界《せかい》に在って説法教化す」とあり、同じく偈に「つねに自ら是の念をなす、何を以てか衆生をして、無上道に入ることを得て、速かに仏身を成就せしめんと」と。衆生無辺誓願度《しゅじょうむへんせいがんど》である。衆生があるかぎり、仏の救済は果てしなく続くのである。

そして、さきに言ったように、二乗の涅槃と、如来の涅槃との相違を説いたあとに、ここに掲げた文があるのである。

二乗の涅槃は、如来の涅槃と比べると、大きな隔たりはあるが、それは如来の涅槃に「趣《おもむ》くもの」であるという。

二乗と一仏乗。二乗は仏の方便の施設《せせつ》によって説かれたが、究極するところは一実乗、大乗にほかならない。法華経の方便品でいわれた「唯だ一乗の法のみあって、二もなく、また三もなし」三乗は開いて一乗となるのである。

法華経譬喩品《ひゆほん》の火宅《かたく》のたとえで、燃える家の中で遊びほうけている子供を連れ出すために、羊の車、鹿の車、牛の車が表にあると誘い出したが、仏は大白牛車《だいびゃくごしゃ》を与えたというたとえにも語られている。これが「三乗は一乗なり」ということである。一乗とは一仏乗、だから無上のさとり(阿耨多羅三藐三菩提)が得られる。これがとりもなおさず仏の涅槃界であり、そこに永遠の仏陀、つまり如来の法身《ほっしん》がある、というのである。

この如来の法身、言いかえると自性清浄心《じしょうしょうじょうしん》が、無量の煩悩《ぼんのう》に覆《おお》われているのが、つづいて説かれる如来蔵《にょらいぞう》である。無量の煩悩に覆われて凡夫《ぼんぶ》はその存在に気付かないが、衆生悉くこの「如来蔵」を具すと説くのである。

㊿ 痴《ち》と有《う》愛《あい》とより則ち我が病生ず。一切衆生病《や》めるをもっての故に我れ病《や》む。一切衆生の病滅すれば則ち我が病滅せん。所以《ゆえ》いかんとなれば菩薩は衆生のための故に生死《しょうじ》に入る。

(維《ゆい》摩《ま》経《ぎょう》)

維摩経は、正しくは維摩《ゆいま》詰所説経《きつしょせっきょう》という。仏在世、マガタ国の首都ラージャグリハ(王舎城《おうしゃじょう》)

から北へ、ガンジス河をこえて、ヴァイシャーリ（毘耶離《びやり》）の街に「維摩詰《ゆいまきつ》」と名のる篤学の大居士がおられた。その維摩居士《ゆいまこじ》を中心とする経典である。この経は一名不可思議解脱法門経《ふかしぎげだっほうもんきょう》とも名づけられ、いくつかの神変が現ぜられるが、それは経の一品にある「入不二《にゅうふに》」を示すものである。般若の空に立脚し、さらに積極的に諸法実相《しょほうじっそう》、煩悩即菩提《ぼんのうそくぼだい》、生死即涅槃《しょうじそくねはん》を高調する。天台大師智顗《ちぎ》は、この経を以て「弾呵《たんか》の教」（小乗に滞《とどこ》うるを叱《しか》る教）と言われたが、経中、声聞舎利弗《しょうもんしゃりほつ》の演ずる役柄はまさにこのことを示している。

○

経は十四品より成る。まず仏国品《ぶっこくぼん》第一で、宝積《ほうしゃく》という長者の子が、五百人の長者の子と共に、七宝の蓋《がい》（傘蓋《さんがい》、かさ）を捧げて仏前にいたり、その蓋を供養すると、その五百の蓋は一つの大きな蓋となって、三千大千世界を覆うたという。かくて宝積が仏徳を讃歎し、仏国土の清浄を問うたのに対し、仏は「もし菩薩、浄土を得んと欲せば、まさにその心を浄くすべし。その心浄きに随って則ち仏土も浄かるべし」という有名な言葉が述べられる。

方便品第二に入って、維摩居士が登場し、その徳高く、大乗の大居士であることが示され、その維摩居士が病を得、多くの人が見舞ったとある。

そこで弟子品第三において、舎利弗《しゃりほつ》、目連《もくれん》、大迦葉《だいかしょう》、須菩提《しゅぼだい》、富楼那《ふるな》、迦旃延《かせんねん》、阿那律《あなりつ》、優波離《うばり》、羅睺羅《らごら》、阿難《あなん》らの声聞《しょうもん》たち、菩薩品第四では弥勒《みろく》菩薩、光厳童子《こうげんどうじ》、持世《じせい》菩薩、善徳《ぜんとく》らが、いずれも釈尊の命で病気見舞を命ぜられるが、いずれも「われかしこにいたって疾《しつ》を問う（病気見舞）にたえず」と、それぞれかつて維摩居士との出会い、居士の識見の深さに感銘したことを申しのべて見舞を辞退する。天台大師の弾呵《たんか》の教えといわれる所以躍如《ゆえんやくじょ》たるものがある。

かくて文殊《もんじゅ》菩薩の見舞いとなる。問疾品《もんしっぽん》第五である。智慧の文殊と大徳維摩の対談というので、さきに見舞をことわったものを始め、八千の菩薩、五百の声聞、五千の天人が随従したという。

維摩は居室を空にし、侍者をしりぞけ、一脚の椅子を置いて文殊の来到を待つ。かくて冒頭から火花の散る対談となる。

開口一番、維摩居士いわく「善来《ぜんらい》、文殊師利、不来《ふらい》の相にして来《きた》り、不見《ふけん》の相にして見《み》る」と。

聖徳太子はその維摩経義疏《ぎしょ》で、ここのところを釈して「去と来とは向と背とについて語ることをなすなり。方丈《ほうじょう》より菴羅《あんら》（仏陀の居られる所）に望めば来となし、菴羅より方丈に望めて去となす」とある。方丈とは維摩居士の居室である。つまり、文殊は釈尊の居られる菴羅から維摩のところに来たのだが、釈尊の立場からは去ったのである。来るとか去るとかは相対的な立場での見方で、不来の相にして来る、とは中道をさしていっているのである。

かくていよいよ病気の見舞である。文殊が「この疾《しつ》、何に由《よ》りてか起れる。まさにいかにして滅すべき」と問うたのに対する答が、ここに掲げた一文である。

衆生の病は「痴《ち》」と「有愛《うあい》」によって起る。痴とは無知であり、有愛とは存在への愛着である。無知とは実相《じつそう》に対する無知、縁起《えんぎ》に対する無知である。存在のほんとうの姿、即ち縁起を知らぬから、我見《がけん》、我執《がしゆう》が起るのである。そしてその根底には、生きたいという本能、有愛がある。

こうした衆生の病が存在するかぎり、その衆生を救う立場の維摩も同じ立場、つまり病を得るのである。勝鬘経で涅槃《ねはん》について語られていたのと同様である。「一切衆生病むが故に我れ病む」といわれるわけである。もちろん一切衆生の病が滅すれば、維摩の病も滅するのであるが、容易にそうはならない。

菩薩は衆生のための故に生死《しようじ》に入る、といわれる。ここでいう生死は、生まれかわり死にかわる輪廻《りんね》の世界、迷いの世界である。衆生を救済するためには、衆生の居るところに入らねばならない。涅槃経の大悲《だいひ》闡提《せんだい》と同じく、維摩居士の同悲《どうひ》のこころが、ここにある。

51 **時に維摩詰《ゆいまきつ》の室に一の天女あり。諸の大人を見、所説の法を聞きて、すなわちその身を現じ、即ち天華《てんげ》をもって諸の菩薩、大弟子の上に散ず。華《はな》、諸の菩薩にいたれば即ち皆おつ。大弟子にいたれば、便《すなわ》ち著《つ》きておちず。**

（維摩経《ゆいまぎょう》）

問疾品《もんしっぽん》において、文殊《もんじゅ》と維摩《ゆいま》の問答は丁々発止《ちょうちょうはっし》とつづく。声聞《しょうもん》の舎利弗《しゃりほつ》はいささか退屈してきた。次の不思議品の冒頭で、舎利弗はふと、この部屋にちっとも椅子がないが、こんなに多くの菩薩、大弟子たちが居るのに、何処に坐るのだろうか、と考えた。維摩は早速舎利弗の心を見ぬいて、舎利弗よ、お前さんは法を聞こうとしてここへ来られたのか、それとも椅子にかけたいために来られたのか、とぴしゃりと問う。舎利弗は思わず、いえ、法を聞くために来たので、椅子にかけるために来たのではありません、と。前にも言ったように、大乗の立場から小乗を弾呵《たんか》する教とあったが、声聞の舎利弗はさんざんである。そして維摩は、東方の須弥相国《しゅみそうこく》の須弥灯王《しゅみとうおう》仏《ぶつ》のところから高さ八万四千由旬《ゆじゅん》もある椅子を三万二千脚借りて来て客人にすすめた。

ところが、そんな高い椅子である。神通を得た菩薩たちは、自ら形を変え、四万二千由旬の長身となって、さっと坐ったのだが、舎利弗をふくむ新発意《しんぽっち》の菩薩や大弟子は坐ることが出来ない。舎利弗は言う、居士、こんな高い椅子では私たちは昇ることが出来ません、と。そこで維摩が言うには、須弥灯王如来に礼をしたら昇ることが出来ますよ、と。

○

つづいて次の観衆生品《かんしゅじょうぼん》に入る。突然維摩の部屋に一人の天女があらわれる。所説の法を聞いて、とある。説法に感動して姿をあらわし、並み居る人々の上に天華《てんげ》をふらすのである。ところが、菩薩の上におちた花びらは、さらさらと落ちたが、大弟子、つまり声聞たちの上におちた花びらは、くっついて離れない。舎利弗は、さかんにくっついた花びらを取ろうとするがなかなか取れない。その姿を見て天女は言う、どうして一所懸命に花びらを取り除こうとしているのですか、と。舎利弗が言う「此の華は不如法《ふにょほう》なり。ここをもってこれを去るなり」つまり「不如法」とは法にかなわない、香華《こうげ》を身につけることは小乗の戒律で禁じられているのである。そこで天女が言う「この花びらが法にかなわないと考えてはいけない。花に何の咎《とが》がありますか。花がついてはいかぬ、つかぬようにせねばならぬ、という分別心《ふんべつしん》、わけ隔《へだ》てする考えを持っているからつくのです。菩薩たちは分別心を持たないからつかないのです、と。

以下天女と舎利弗の問答である――

(舎)あなたはこの部屋に止まること久しきや。

(天)維摩居士がさとりをひらいて以来です。

(舎)維摩居士がさとりをひらいてどれ位たつのですか。

(天)それはどれ位久しいか、わかりません。(舎利弗黙然《もくねん》)

(天)どうして黙っておられるのですか。

(舎)解脱《げだつ》というものは言説の及ぶところでない。

(天)いや、言説文字《げんせつもんじ》こそさとりの相ではないですか。解脱《げだつ》は内ならず、外ならず、両間にあらず。文字も内ならず、外ならず、両間にあらず。文字を離れて解脱を説くことは出来ません。それというのは、一切法、すべての存在はそのままさとりの姿ではないのですか。

舎利弗は、すっかり天女にやりこめられているのです。このところについて聖徳太子の義疏《ぎしょ》には「身子《しんし》(舎利弗のこと)は、ただ解脱は無言なりということを知りて、未だ斉一《せいいつ》なること能わず」と評している。

52 ここに於て文殊師利《もんじゅしり》、維摩詰《ゆいまきつ》に問う「我ら各々自ら説きおわんぬ。なんぢまさに説くべし。何等かこれ菩薩不二法門《ふにほうもん》に入るや」と。時に維摩詰、黙然《もくねん》として言なし。文殊師利、歎《たん》じて云く「善《よ》い哉《かな》、善い哉、乃至文字語言《もんじごごん》あることなし。これ真に不二法門に入るなり」と。

（維摩経《ゆいまきょう》）

入不二法門品《にゅうふにほうもんぼん》である。古来維摩経の眼目とせられる。

不二法門とは何であろうか。私たちの目にするところは、差別の世界である。対立であり、雑多である。

現実と理想、迷いと悟り、衆生と菩薩、さらには白と黒、左と右、男と女、あらゆる対立がある。しかしこうした対立は、統一を予想している。男と女という。その根底には、ともに人間である、ということがある。こうした統一のないところ対立はない。たとえば直線と曲線では対立と言えるが、黒と直線では対立にならない。

対立の底にある統一を求めるのが、いわば不二である。しかし対立をこえて統一があるのでなく、対立のなかに統一があるのである。だから不二といわれるのである。

入不二法門品で、維摩は並み居る菩薩に入不二法門を問う。三十人の菩薩たちは、それぞれの見解を述べる。そこでそれぞれの菩薩の掲げる相対、対立とは――

生と滅、我《が》と我所《がしょ》、受と不受、垢と浄、動と念、一相と無相、菩薩心と声聞心、善と不善、罪と福、有漏《うろ》と無漏《むろ》、有為《うい》と無為《むい》、世間と出世間、生死と涅槃、尽と不尽、我と無我、明と無明、色と色空、四種の異と空種の異、眼と色、布施と回向一切智、空と無相と無作、仏と法と衆生、身と身滅、身と口と意、福業と罪業と不動行、我の二法、有所得《うしょとく》の二相、闇と明、涅槃を楽《ねが》うと世間を楽うと、正道と邪道、実と不実と……。

それぞれ菩薩があげた対立の世界である。

○

ところが、存在の実相《じっそう》は分別《ふんべつ》をこえたところにある。柳は緑、花は紅なのである。ありのままにあるのである。そこに分別が加わるから「柳の色は緑であり、花の色は紅である」という言説の世界がうまれてくるのである。

美しい夕暮れの景色に見とれている。そこには、見るものも、見られるものもないのである。ところが、ふと我にかえって、つまり分別が加わって、夕陽は美しいという言説の世界がうまれてくるのである。

文殊は不二法門について最後に言う「一切の法において、言もなく、説もなく、示もなく、識もなし」と。そして維摩居士に問うたのである。ところが「維摩は黙然《もくねん》として言なし」いわゆる維摩の一黙であり、古来、維摩の一黙雷《いちもくらい》の如しといわれるシーンである。

その様子を見た文殊は「文字語言あることなし。これ真に不二法門に入るなり」と結んでいる。

聖徳太子の義疏《ぎしょ》では、この一節について、最後に文殊が「文字語言あることなし」と維摩を讃歎するのであれば、そのさきの文殊の「一切の法において言なく、説なく、示もなく、識もなし」という表現は矛盾しているではないか、というのに対して、それでは多くの人たちが、維摩の一黙の所以《ゆえん》がわからないからだ、と説明されている。

㊸ **自ら仏に帰せば当に願うべし、衆生大道を体解して無上の意を発さんと。自ら法に帰せば当に願うべし、衆生深く経蔵に入り智慧海の如くならんと。自ら僧に帰せば当に願うべし、衆生大衆を統理して一切無碍ならん、と。**

(華厳経)

華厳経に入る。正しくは、大方広仏華厳経という。旧訳の六十華厳と、新訳の八十華厳がある。華厳経とは、きわめて卑近な日常生活から、果てしなくひろがる形而上学の領域にいたる、まことに壮大な、永遠の世界観を説く。

華厳経の大旨を、今一言で表わすならば「海印三昧」である。古来、海印三昧をもって華厳経所依の総定であるといわれる。

海印とは喩えであって、大海の風やみ、波静かに水清澄なる時、天地の万象細大もらさず海面に印現するを言う。無明妄念の風波、乱起乱滅して暫くもやまざる衆生の心中には何ものも印現しない。しかしその風波の全く静まった仏の心中には、湛然清澄で、あらゆる森羅万象、説くべき法門も、度すべき衆生も、三世一切の法が印現する。これが毘盧舎那仏《びるしゃなぶつ》の世界である。華厳経の根底は、この海印三昧にある。宇宙のありとあらゆるものが、宇宙そのものの大三昧、毘盧舎那仏の大三昧のなかに影を宿し、遊泳しているのである。

だからここに掲げた三帰依の文も、原始仏教以来の三帰依に比べると、いちじるしくその意味は拡大されているのである。

原始仏教の場合とは、仏とはブッダ、釈尊であり、法とはその釈尊の教えであり、僧とは釈尊をとりまく仏教々団の人々である。

しかしここ華厳経では、仏とは宇宙の果てしなき全一者である毘盧舎那仏《びるしゃなぶつ》であり、「大道を体《たい》解《げ》して無上意を発《おこ》さん」とは「発菩提心《ほつぼだいしん》」にほかならない。華厳経に於て、この菩提心が、いかに強調されているか、後にまた触れるであろう。

法もまたそうである。ブッダ釈尊の教というせまい範囲をこえて、海のように広い智慧の海である。最後の入法界品《にゅうほっかいぼん》で善財童子《ぜんざいどうじ》は、ただに仏教者のみならず、外道《げどう》とよばれたバラモンを始め、あらゆる階層の人たちに教を求める。だからこの法もせまい仏教の世界内にとどまらず、宗派・階級などのあらゆる差別をこえた、広い視野における智慧を意味している。

第三の僧もまたそうである。僧とはサンガ、もと釈尊をとりまく出家者の集団を意味した。しかしここで僧とは、ただに出家者に限らず、一切衆生であり、すべての生きとし生けるもの、ただ人間にかぎらず、あらゆる生存するものである。

すべての人間が、その主義主張、階級、教養、身分などのすべてをこえて、たがいにむつみあう集団をさしているのである。

だから第一は、一切衆生とともに仏に帰順しつつ最高の目ざめに到達しようという願いであり、第二は一切衆生と共に真理に帰順しつつ、海のような人類の智慧を得ようという願いであり、第三は一切衆生と共に集団に帰順しつつ、すくなくとも人間であるかぎりは、いかなる条件にもかかわらず、たがいにへだてのないものにしようという願いである。

(54) 信はこれ道《どう》の元《もと》、功徳《くどく》の母なり。一切諸《もろもろ》の善法を増長《ぞうちょう》し、一切諸の疑惑《ぎわく》を除滅して、無上道《むじょうどう》を示現開発《じげんかいはつ》す。

（華《け》厳《ごん》経《ぎょう》）

華厳経賢首菩薩品《げんじゅぼさつほん》第八の終りに近く、次のような言葉がある。わかりやすく意訳すれば、「この世の生きとし生けるもののなかで、声聞《しょうもん》の道を求めんとするものは少なく、縁覚《えんがく》の道を求めんとするもの、さらに少ない。そしてそれ以上に大乗を求めんとするものはごく稀である。だから大乗を求めるのはやさしいことだとも言えるが、その大乗を信ずることは最もむつかしい。ましてこの大乗を身に持ち憶念《おくねん》し、仰せられてあるように実践し、それによって真実に理解することは、なおさらむつかしい。もしこの三千大千世界を頭にいただき、一劫《いっこう》という長い間身動き一つしないということも、さほどむつかしいことではない。この大乗の法を信ずることは、それにもましてむつかしいことだ。この三千大千世界の微塵《みじん》の数ほどの人々に、一劫という長い間、楽しみの道具を供養しても、この大乗の法を信じたものの功徳には及ばない」と。

「大乗を信ずる」ことが、いかにむつかしいか、いかに大切かを言葉をきわめて述べている。特に「大乗」の信とある。大乗とは言うまでもなく「自利《じり》、利他《りた》」の道である。それは仏の大悲《だいひ》にもとづく。この仏の大悲心を信ずることによって菩提心《ぼだいしん》を得るのである。菩提心こそは菩薩の道の出発点にほかならない。

信ずる心は、素直な柔輭《にゅうなん》な心でなければならない。法華経寿量品に「質直《しちじき》にして意柔輭《こころにゅうなん》に」

とある。

大智度論《だいちどろん》巻一初品第二に、「仏法の大海は信を能入となし、智を能度となす」とあり、さらに「復た次に経中に信を説いて手の如しとなす。人は手存れば宝山の中に入りて自在に宝を取るが如し。（略）信無きは手なきが如し。手なき人は宝山中に入るに、則ち所取《しょしゅ》あること能わず」とある。

いわば「信」こそが、仏道を歩むものの鍵である。だから信が道の根本であって功徳の母であると明示され、それによってあらゆる疑いを離れて「無上道」つまり涅槃の世界に入ることが出来るのである。

ドストエフスキーは、私は小説を書くのではない。人間における神性を追及するのだと言った。そしてその作品『白痴《はくち》』のなかで、ムイシュキン公爵を描いている。公爵はあたかも白痴のように疑うことを知らない。「疑う」というのは、自己の経験に照らして疑うのである。人をあざむいたことのない公爵には疑うすべがなかったのである。

55 その時、天帝釈《たいしゃく》は法慧《ほうえ》菩薩に白《もう》して云《いわ》く「仏子よ、菩薩の初めて菩

提心を発《おこ》して得る所の功徳《くどく》は、その量幾何《いくばく》ぞ」法慧菩薩の云く「此の義は甚深にして説き難く知り難く（略）、然りと雖も我れまさに仏の威神力《いじんりき》を承《う》けて、汝がために説くべし」

（華《け》厳《ごん》経《ぎょう》）

ここに掲げた一文は、初発心菩薩功徳品《しょほっしんぼさつくどくほん》の冒頭の一節である。ここでは菩提心を発して得るところの功徳を問うているのだが、その具体的解答の部分は、ここに掲げた文につづくのだが長くなるので割愛した。改めてここで意訳して紹介してみよう。法慧《ほうえ》菩薩はつづけて言う——

「もし人あって、東方の無数の世界の衆生に、あらゆる楽しみの道具を供養すること一劫《いっこう》を経て、その人たちに五戒を修行させ、さらに同じように東西南北、東南、南西、西北、東北、さらに上下、つまり四方、八方、上下の世界の人々にも同じようにしたとしよう。その人の功徳は多いであろうか」帝釈《たいしゃく》は答える「それは如来を除いて誰もその人の功徳をあげ数えることは出来ません」と。そこで法慧菩薩は言う「それは初発心《しょほっしん》の菩薩の功徳の百分の一、千分、百千分、億分、百億分、千億分、百千億分の一……にも及ばない」と。

いかに初発心の菩薩の功徳が大きいかを、言葉をきわめて述べている。初発心菩薩功徳品のすぐ前、梵行品《ぼんぎょうぼん》の終りに近く「初発心の時、便《すなわ》ち正覚《しょうがく》を成《じょう》ず」という言葉は、華厳経の中でも広く知られた言葉である。

発菩提心については、その実践として入法界品《にゅうほっかいぼん》の善財童子《ぜんざいどうじ》がある。これについては改めて触れるであろう。

発菩提心とは、さきに言った「信心」というと同じ趣旨である。信心とは発菩提心にほかならない。

菩提とは、いうまでもなく「さとり」であった。さとりとは言うまでもなく、仏道修行の究極の目標である。その菩提、すなわちさとりに向って出発することを「初発心」というのである。発菩提心論《ほつぼだいしんろん》巻上に、「一には諸仏を思惟《しゆい》して菩提心を発し、二には身の過患《かげん》を観《み》て菩提心を発し、三には衆生を慈愍《じみん》して菩提心を発し、四には最勝の果を求めて菩提心を発す」と、菩提心を発す四縁を述べている。

よく観察すると、これらの四つは混然一つであるとも言える。諸仏を思惟する、ということと、最勝の果を求めてということとは、いわば一つであり、その仏の大悲を思う時、それは衆生を慈愍することであり、諸仏を思惟するとは、対比しておのれの過患を思うことにほかなるまい。

経典は、次の明法品《みょうほうぼん》に入って、これら菩薩がどんな修行をして、すぐれた功徳を得、諸の如来を歓喜せしめ、清浄の行と大願を成満するや、との問を設けて「すでによく諸の波羅蜜《はらみつ》を捨てず」とある。そして暫らくあって十波羅蜜が説かれる。布施《ふせ》・持《じ》戒《かい》・忍辱《にんにく》・精進《しょうじん》・禅定《ぜんじょう》・智慧《ちえ》の六波羅蜜に、方便《ほうべん》・願《がん》・力《りき》・智《ち》を加えて十波羅蜜という。

56 心は工《たくみ》なる画師《えし》の如く、種々の五蘊《ごうん》を画《えが》き、一切世界の中に法として造らざるなし。心の如く、仏も亦爾《またしか》なり。仏の如く衆生も然り。心と仏と及び衆生と、是の三差別なし。

（華《け》厳《ごん》経《ぎょう》）

「心は工《たくみ》なる画師《えし》の如く」という文。「心と仏と及び衆生と、この三、差別なし」という文。いずれも華厳経の中でもよく知られた言葉であります。夜摩《やま》天宮説偈品《てんぐうせつげほん》の一節です。

十地品《じゅっちぼん》のなかに「三界の所有は唯だ是れ一心なり」（八十華厳）「三界は虚妄《こもう》にして但《た》だ是れ心

の作《さ》なり」（六十華厳）とあります。

三界は虚妄にして、とあります。これは縁起の道理を知らない凡夫《ぼんぶ》の世界は、無明《むみよう》に覆われた心によって見られた世界でありますから、それは真実の世界でなく、虚妄、いつわりの世界であるという意であり、それがまさしく虚妄であることを知るのは、さとった世界であります。

心は工なる画師の如くとは、心が画き出すさまざまな姿をたとえています。

ここに掲げた文につづいて——

「諸仏は悉く一切は心より転ずと了知《りようち》したもう。もし能くかくの如く解《さと》らば、彼人は真の仏を見たてまつらん」とあります。言うなれば、楽しい世界も、苦しい世界も、みな心の作り出すところである、というのです。ですからすべては心から発しているのです。心迷えば衆生となり、心悟れば仏となるのです。

ということは、現実世界はわれわれの心の持ちようで、地獄ともなれば浄土ともなるというのです。維摩経《ゆいまきよう》の「心浄ければ土《ど》もまた浄し」ということばが思い出されます。しかし、ここで注意しなければならないのは、華厳経の考えが、あたかもいわゆる観念論者のそれのように誤ってはならないということです。あくまでも華厳経は縁起に立脚しています。心が現実世界を規定するように、一方では現実世界が心を規定することを忘れてはなりません。作るものが、また作られるものなのです。ここに一即多《いちそくた》・多即一《たそくいち》の世界があります。

華厳経の本文は、さらに「仏を知らんと欲せば、まさにかくの如く観ずべし。心は諸の如来を造ると」とあります。

以上掲げてきた華厳経の文は、「如心偈」として華厳宗では毎日唱えるのです。そして今言った最後の一節は「破地獄《はじごく》の偈《げ》」として有名です。

昔、唐の文明年間に洛陽《らくよう》の都に住んでいた王という人が、病気で死去しました。王は生前戒律を持たず、又善い行いもしなかったので、死後直ちに地獄にひかれて行きました。ところが、地獄の門前に地蔵菩薩がいて、王に一つの詩を授けて、この詩を唱えたならば、必ず地獄の苦しみからのがれることが出来る、と教えてくれました。王が閻魔王《えんまおう》の前で、この詩を唱えると、地獄から解放されたというのです。その詩というのが、今最後に掲げた一文だったというので、以来この一文を破地獄の偈とよんでいます。

57 菩薩は始めて是の如き心を発《おこ》せば、即ち凡夫地《ぼんぶじ》を超ゆることを得て、菩薩の位に入り、如来の家に生れ（略）如来種の中に於て決定して当《まさ》に無上菩提を得べし。

（華《け》厳《ごん》経《ぎょう》）

これは十地品《じゅっちぼん》の初め、歓喜地《かんぎち》について述べられた文である。十地品は華厳経の中でもその成立は古く、十地経として別行されており、十地経は梵本も現存して、その現代語訳も完成している。（中央公論社、『大乗仏典』8）

菩薩の修行の階位として五十二位がある。十信《しん》・十住《じゅう》・十行《ぎょう》・十廻向《えこう》・十地《ち》・等覚《とうがく》・妙覚《みょうがく》である。ここではそのうちの十地について述べられる。

1歓喜地《かんぎち》、2離垢地《りくち》、3発光地《はっこうち》、4焔慧地《えんえち》、5難勝地《なんしょうち》、6現前地《げんぜんち》、7遠行地《おんぎょうち》、8不動地《ふどうち》、9善慧地《ぜんねち》、10法雲地《ほううんち》である。

歓喜地とは、菩薩が真理を体得した喜びにあふれた境地で、一つの大きな転回がなされる。それがこの文にあるように「凡夫地《ぼんぶじ》を超《こ》える」ことであり「如来の家」に生まれることであり、さらに「決定《けつじょう》」して無上菩提、つまり究極のさとりを得るであろうと言われるわけである。

「凡夫地を超える」とは、日常茶飯の意識領域が全く消滅した世界を意味する。そして「如来の家」に生まれるのである。菩薩はこの宗教体験をもとに、さまざまな願をたてる。なかでも十願とは次の如くである。

第一、供養願《くようがん》。一切の諸仏を供養し恭敬《くぎょう》すること。

第二、受持《じゅじ》の願。一切諸仏の教を護り、諸仏の法を持つこと。

第三、転法輪《てんぼうりん》の願。仏を親近《しんごん》し、供養し、その正法を受持して、これを説こうということ。

第四、修行二利の願。あらゆる菩薩の行を如実に説いて一切を教化し、その心を増長せしめる。

第五、成熟《じょうじゅく》衆生の願。あらゆる衆生を教化して仏法に入らしめる。

第六、承事《しょうじ》の願。諸仏の世界に往き、諸仏を見、法を聴くこと。

第七、浄土の願。一切の煩悩を離れ、清浄の道を完成して、仏国土を浄め荘厳《しょうごん》すること。

第八、不離《ふり》の願。(或は心行の願) 一切の菩薩と平等一縁にして相集会して捨離《しゃり》せぬため、一切の世界を遊行《ゆぎょう》し、大乗の道を完成しよう。

第九、利益《りやく》の願。不退転《ふたいてん》の菩薩の行を修し、身口意の三業《ごう》を清浄にし、わずかな浄信をもつものも煩悩を断ぜしめよう。

第十、成正覚《じょうしょうがく》の願。一切の世界で無上のさとりを完成するため、仏の涅槃《ねはん》にいたる境界を示し、その仏の大智慧力を得て、一切の法を安立せしめる。

以上の十願を完成するために努力すると共に、「皆大捨《だいしゃ》に住せしめ」とある。「大捨」とある。捨とは一切を捨てること、一切をなげうつことである。最高の仏智を求めて、あらゆる事物に対する欲求を捨てることである。慈悲喜捨《じひきしゃ》の四無量心《しむりょうしん》の捨である。

ヨーロッパの仏教学者たちは、ゴータマ・ブッダ、釈尊の出家を「大いなる放棄」とよんでいる。ここでもまた宗教的真理を体得した歓喜地の菩薩の心を、この「捨」において示している。

㊽ **是《かく》の如き無量の如来の境界《きょうがい》は、乃至《ないし》百千億那由佗《なゆた》劫《こう》に於ても知ることを得る能《あた》わず、我れ悉《まさ》く応に無功用《むくゆう》、無分別《むふんべつ》の心をもって成就《じょうじゅ》し円満すべし。**

（華《け》厳《ごん》経《ぎょう》）

二地以下は、初地の歓喜地《かんぎち》での所願を実現していく過程である。

第二地では、次第に人間の汚れを離れていくという意味で離垢地《りくち》といい、信の本性を発揮、正直心・柔軟心《にゅうなんしん》・調伏心《ちょうぶくしん》を強調すると共に、現実の社会にかえって道徳の基本的な訓練として十善業道《じゅうぜんごうどう》につとめる。いわゆる、不殺生《ふせっしょう》・不偸盗《ふちゅうとう》・不邪婬《ふじゃいん》・不妄語《ふもうご》・不綺語《ふきご》・不両舌《ふりょうぜつ》・不悪口《ふあっく》と、貪《とん》・瞋《じん》・痴《ち》を避けることである。

第三発光地《はっこうち》では、自利・利他の実践をかさねていくうちに、智慧の光を放つという意味で、あらゆる衆生に十種の哀愍《あいみん》の心を持ち、何よりも「法を聞く」、つまり聞法《もんぼう》を強調、そして禅定《ぜんじょう》に励む。

第四焔慧地《えんねち》とは、智慧の光が「焔《ほのお》」のように燃えさかるという意で、信《しん》・勤《ごん》・念《ねん》・定《じょう》・慧《え》に励むと共に、八正道を修する。

第五難勝地《なんしょうち》とは、もはやいかなるものにも打ち負かされることのない境地で、ここでは本格的に社会活動にふみ出す。すべての人々は無智と愛欲のため、迷いの世界を輪廻《りんね》しているので、四《し》諦《たい》をありのままに観察する。

第六現前地《げんぜんち》は、仏の智慧が現前してくるという意味で、世界のありとあらゆることすべて、おのれの心にもとづく（三界唯一心《さんがいゆいいっしん》）という自覚に立ち、人間の現実生活を凝視し、十二因縁を観じ、現実生活の根源に根本無智のあることを徹見して三解脱門《さんげだつもん》（空《くう》・無相《むそう》・無願《むがん》）を実行し「無碍智現《むげちげん》前《ぜん》」と名づけられる智慧波羅蜜《ちえはらみつ》が光明と共に現れる。

かくて第七地にすすむ。遠行地《おんぎょうち》である。迷いの世界をこえて遥か遠くへ行くという意。第六地までに達成されなかった「無生法忍《むしょうぼうにん》」（不退《ふたい》の位《くらい》）を得、そしてここに掲げた文のように「無功《むく》用《ゆう》」「無分別《むふんべつ》」の心を完成する。

無功用とは、なんの力もいれず、努力もかたむけず、ただ自然に成就されていくのである。ここでは滅尽《めつじん》の境《きょう》（身も心も、ありとあらゆる存在を、すべて寂滅《じゃくめつ》に帰した境地）に達するのである。

この第七地において、経典は初地以来のこし方をふりかえっている。今これを梵文からの現代訳でみよう。

第一地において「あらゆる誓願を成就する」。第二地において十種の善なる実践道を踏み行うことによって「心の垢《けが》れがなくなる」。第三地において、すべてを喜捨《きしゃ》して一句の法を聴聞し、禅定を深め、神通《じんづう》をあらわすことによって「真理の現前を体得する」。第四地において、三十七種の菩提《ぼだい》にみちびく「修行道を体得する」。第五地において、さらに向上して、それらの修行道を実践するとともに「世間のもろもろの活動にしたがって生きていく」。第六地において、さまざまな条件に条件づけられて生成するという「もっとも奥深い真理の種々なる道を体得する」。第七地において「あらゆる仏の不思議な存在がいまここに現前する」（中央公論社、『大乗仏典』八、十地経三九九頁）。

㊾ この菩薩摩訶薩《ぼさつまかさつ》は、かくの如き智慧に通達《つうだつ》して、無量の菩提《ぼだい》に随順《ずいじゅん》し、善巧《ぜんごう》の念力《ねんりき》を成就し、十方無量の諸仏の大法明《だいほうみょう》・大法照《だいほうしょう》・大法《だいほう》雨《う》を一念の頃《こう》においてよく安《あん》じ、よく受《う》け、よく摂《せっ》し、よく持《じ》す。

（華《け》厳《ごん》経《ぎょう》）

第七地に得た無功用《むくゆう》・無分別《むふんべつ》そのものの本性に目ざめ、すべての働きがなくなり、身口意《しんくい》のすべての努力を離れる世界である。いわば菩薩自身の人格が、仏格《ぶっかく》にかかわるのである。おのずからなる世界への転回である。これが第八不動地《ふどうち》である。

第九地の善慧地《ぜんねち》とは、衆生の心をさまざまな角度から認知する。これは説法者の立場であり、四無碍智《しむげち》を得、これを駆使《くし》して衆生を解脱《げだつ》にむかわせるのである。

四無碍智《しむげち》とは、教法において滞ることなき法無碍智《ほうむげち》、教法の究極の真理を知って滞ることなき義無碍智《ぎむげち》、あらゆる言葉において通達自在な辞無碍智《じむげち》、そして以上の三種の智をもって衆生のために楽説《ぎょうぜつ》（弁才《べんざい》）無碍《むげ》である楽説（弁才）無碍智をいう。

こうして菩薩は陀羅尼《だらに》を得る。いわゆる呪文《じゅもん》である。経典には義・法・智・光照・善慧・衆財・威徳・無碍門・無辺際・種々義などと名づける陀羅尼を得たという。陀羅尼とは総持《そうじ》と訳される。仏法を心にとどめて忘れない能力という。経典には「正法を聴聞し、聞きおわりて忘れず」とある。

かくて最後の第十地法雲地《ほううんち》にいたるのだが、第九地と第十地の間で「灌頂地《かんじょうち》」にいたるとあり、あらゆる三昧《さんまい》に入り、最後に「一切智智殊勝灌頂三昧《いっさいちちしゅしょうかんじょうさんまい》」があらわれる、とある。いわば最高のエクスタシーに達するのである。かくてここに掲げた一節となるのである。

完成せる菩薩に大光明・大光照・大法雨がふりそそぐのである。これに対して第十地の菩薩以外は、これを安じ、受け、摂し、持することは出来ない、とある。そして第十地の菩薩がこの大法明、大法照、大法雨をうけることとは、サガラ竜王の降らす雨は大海でなくては受けられないが、この大法雨を十地の菩薩は受けるのである、とある。

〇

十地品はかなり長い。そのなかで菩薩から仏に向う過程が一つの壮大なドラマのように展開する。しかしその壮大なドラマのなかで、教義がひとつひとつ克明に解説され、それを積みかさねながら進んでいく。

⑥⓪ **菩提心は則ち一切諸仏の種子《しゅうじ》たり。能く一切諸仏の法を生ずるが故に。菩提心は則ち良田《りょうでん》たり。衆生の白浄《びゃくじょう》の法を長養《じょうよう》するが故に。菩提心は則ち大地たり。能く一切世間を持するが故に。**

（華《け》厳《ごん》経《ぎょう》）

入法界品《にゅうほっかいぼん》である。入法界とは、言うまでもなく、法界すなわち毘盧舎那法身《びるしゃなほっしん》の境地に悟入することである。それには普賢《ふげん》の行願《ぎょうがん》によらねばならない。普賢の行願とは十大願で入法界品の別訳、四十華厳の普賢行願品第四十巻のはじめに「もしこの功徳門を成就せんと欲せば、まさに十種の広大の行願を修すべし」とて十種の大願が述べられている。

1常にすべての仏を敬い（礼敬諸仏《らいきょうしょぶつ》）、2常にすべての如来の徳をたたえ（称讃如来《しょうさんにょらい》）、3常にすべての仏に仕えて最上の供養をし（広修供養《こうしゅうくよう》）、4常に無始以来の悪業を懺悔《さんげ》して浄戒をたもち（懺悔業障《さんげごっしょう》）、5常に仏・菩薩乃至六趣四生《ろくしゅししょう》のあらゆる功徳を随喜し（随喜功徳《ずいきくどく》）、6常にすべての仏に教を説くことを要請し（請転法輪《しょうてんぼうりん》）、7涅槃《ねはん》に入られようとする仏・菩薩に対しては、この世にとどまって下さいと常に請い（請仏住世《しょうぶつじゅうせ》）、8常に毘盧舎那仏《びるしゃなぶつ》に従って、その仏が教化のために示される相を悉く学びとり（常随仏学《じょうずいぶつがく》）、9すべての衆生の種別に応じて種々につかえ、種々に供養してめぐみ（恒順衆生《ごうじゅんしゅじょう》）、10以上のようなあらゆる功徳を一切衆生にさしむけて、悉く仏果を完成することを願う（普皆回向《ふかいえこう》）というのである。

善財童子《ぜんざいどうじ》の求道《ぐどう》の旅はその実践にほかならない。文殊菩薩から初まって文殊菩薩にかえる五十三善知識を求めての旅である。

文殊菩薩に教えられて功徳雲比丘《くどくうんびく》をたずねて、普門光明観察正念諸仏三昧《ふもんこうみょうかんざつしょうねんしょぶつさんまい》を得、ついで海雲《かいうん》比丘《びく》をたずねて普眼経《ふげんぎょう》を学び、さらに善住比丘《ぜんじゅうびく》に無碍《むげ》の法門を、さらに良医弥伽《みか》・解脱長者《げだつちょうじゃ》・海《かい》童比丘《どうびく》・休舎優婆夷《ぐしやうばい》以下つづくのである。

その数は、菩薩四人、比丘五人、比丘尼一人、優婆夷《うばい》四人、波羅門《ばらもん》二人、出家外道《げどう》一人、仙人一人、神々十一人、王二人、長者十人、医者一人、船大工一人、夫人二人、女人一人、少年四人、少女三人という数である。決していわゆる仏教者ばかりではない。あらゆる階層の、あらゆる人々に、教を乞うて行くのである。

例えば第二十六番目は、険難《けんなん》国の婆須蜜多女《ばすみったにょ》である。険難国の城下に住む、まれに見るあでやかな若い女性である。世人はとかく淫婦《いんぷ》であり、妖婦《ようふ》であるという。その女性の説く十願とは、官能を通じて霊界に導くというのである。

彼女言く「もし我を見るものあらば歓喜三昧を得ん。もし衆生ありて我と語らん者は無碍《むげ》の妙音三昧を得ん。もし衆生ありて我が手をとらん者は一切仏刹《ぶっせつ》にいたる三昧を得ん。もし衆生ありて我と宿せんものは解脱光明《げだっこうみょう》三昧を得ん。（下略）」

善財はしかしここで「離欲実際《りよくじっさい》の法門」を得て、次の安住長者のもとへいそぐのである。

ここに掲げた一文は、遍歴も最後に近く、第五十二善知識弥勒《みろく》をたずねた時の一節である。弥勒が善財童子に、菩提心のいかに大切であるかを教えた言葉の一節である。

すでにくりかえし述べて来たように、華厳経の一つの核心は菩提心にある。その菩提心こそ諸仏の法を生む種子《しゅうじ》であり、あらゆる法を生長、養育する（長養《じょうよう》）良田《りょうでん》であり、また一切世間の存在の根底をなす大地であるというのである。

61　もし我れ仏《ぶつ》を得たらんに、十方の衆生至心《ししん》に信楽《しんぎょう》して我が国に生ぜむと欲して乃至《ないし》十念せんに、もし生ぜずば正覚《しょうがく》を取らじ。ただ五逆《ごぎゃく》と正法を誹謗《ひぼう》するとを除く。

（無《む》量《りょう》寿《じゅ》経《きょう》）

無量寿経《むりょうじゅきょう》、観無量寿経《かんむりょうじゅきょう》、阿弥陀経《あみだきょう》の三をもって「浄土三部経」という。無量寿経は二巻、阿弥陀経は一巻であるので、前者を大経、後者を小経といい、大・観・小の三経とも略称される。

無量寿経は古来五存七欠といわれ、五訳が現存するが、浄土系諸宗で用いられるのは、曹魏《そうぎ》の代に康僧鎧《こうそうがい》（二五二洛陽にいたる）の訳が用いられる。

無量寿経は上下二巻に分れるが、上巻にはいわゆる四十八願を中心として、如来がいかにして自己の浄土を建立されたかを説き、下巻は衆生がいかにしてその浄土へ往生し得るかを説いている。

過去久遠の昔、錠光《じょうこう》如来以下五十三仏の出世があり、その次に世自在王仏《せじざいおうぶつ》が出世された。この時、一人の国王があって世自在王仏のもとで説法を聞き、非常に感激して無上道心を起し、出家して沙門となり、法蔵《ほうぞう》と号された。阿弥陀仏の修行中の名である。

法蔵比丘は、五劫という長い間、おもむろに思惟し、一切に超えたすぐれた浄土を建立しようと大願を起し、四十八種の誓願をされる。それらは法蔵比丘が自己の仏果を求めようとする願（摂法身《しょうほっしん》の願）、仏果を求めると同時にその浄土を建立しようとする願（摂浄土《しょうじょうど》の願）、仏果を求め浄土を建立しようとするのは、ほかならぬ一切衆生をその浄土に往生（成仏）せしめようという願（摂衆生《しょうしゅじょう》の願）に分けられるが、それらは究極的に、ここに掲げた第十八願、弥陀《みだ》の本願《ほんがん》に尽きるのである。

文中、至心《ししん》・信楽《しんぎょう》・欲生《よくしょう》とある。これを三心といい、衆生の純真な帰依の心持をいったものである。そうした純真な帰依の心を持つならば、自らそこに感恩の称名念仏《しょうみょうねんぶつ》が生まれる。それは一声にても可、十称にても可、だから「乃至十念《ないしじゅうねん》」とある。親鸞聖人が「信心正因、称名報恩」といわれた所以である。要するに第十八願は弥陀の大悲救済の根本が示されたもので「本願」とよばれるわけである。

経典では初めの方に、法蔵比丘が世自在王仏をたたえる「嘆仏偈《たんぶつげ》」があり、四十八願を説きおわってすぐ「われ超世の願を建つ、必ず無上道に至らむ」という言葉ではじまる「重誓偈《じゅうせいげ》」がつづく。

そしてそのあと「成仏してよりこのかた凡そ十劫を歴《へ》たり」と述べ、無量寿仏の徳をたたえ、浄土の様相が詳しく述べられる。その一節を梵文よりの和訳（岩波文庫、『浄土三部経』上、五〇頁）によってみると——

「アーナンダよ、かの幸《さち》あるところという世界は、種々の芳香があまねく薫《かお》っており、種々の花や果実に富んでおり、宝石の木々に飾られ、如来によって作り出された、妙なる音声をもつ種々の鳥の群れが住んでいる。また、アーナンダよ、かの宝石の木々には種々の色、多くの色、幾百千の色がある。（下略）

⑥②　今われ此の世間において作仏《さぶつ》して五悪を降化《ごうけ》し、五痛《ごつう》を消除し、五《ご》焼《しょう》を絶滅し、善をもって悪を攻め、生死の苦を抜き、五徳《ごとく》を獲て、

無為《むい》の安きに昇《のぼ》らしむ。

（無《む》量《りょう》寿《じゅ》経《きょう》）

無量寿経下巻《むりょうじゅきょう》は、衆生がどのようにして浄土へ往生《おうじょう》しうるかということを説く。はじめに上輩《じょうはい》・中輩《ちゅうはい》・下輩《げはい》すべてこれ往生する旨が説かれている。上輩とは家を捨て欲を棄て沙門《しゃもん》となり、菩提心を発《おこ》して一向無量寿仏《むりょうじゅぶつ》を念ずるもの。中輩とは身、沙門《しゃもん》となり、大いに功徳《くどく》を修すること能わざるものであるが、菩提心を発して一向に無量寿仏を念じ多少の善を修するもの。下輩とは、ただ菩提心を発して一向に無量寿仏を念じ、乃至《ないし》十念するものをいう。そしてこの上、中、下輩ともども往生するのは弥陀の本願によると説かれている。

以下一切の衆生の往生しうるのは、ひとえに弥陀の本願成就の故であることを説き、往生するものの功徳が説かれる。

経典はここで一転して、弥勒《みろく》菩薩を対告衆《たいごうしゅう》として現実の人間社会のことに及び、いわゆる五悪段となる。悪を誡《いまし》め、善を勧《すす》めるもので悲化段《ひけだん》ともいう。ここにかかげた一文中の「五悪《ごあく》」「五《ご》痛《つう》」「五焼《ごしょう》」である。それは殺生・偸盗・邪淫・妄語・飲酒をはじめ、その他の諸悪に及び、総じて人間の不徳罪悪を示せるもので、これに反して諸徳が五善である。

私は読みながら、涅槃経《ねはんぎょう》において戒律を厳しく求めてあった心に通ずるものを思う。いかに阿弥陀仏の本願ありとも、現実の人生で正しい人間生活を行うことが、いかに大切かを強調されている。そして経典は、この世における修善の意義を述べて、

「ここ（穢土《えど》、娑婆世界《しゃばせかい》）において善を修むること十日十夜すれば、他方諸仏の国土において善を為すこと千歳するに勝れり」とある。

その五悪についての叙述は、きわめて具体的でなまなましく、この世の人間生活のありのままが述べられている。かなり長い表現であるので、そのごく一部を梵文和訳（岩波文庫、九六頁）によってみると――

「父母の恩は考えたことなく、師や友人に対する義務についても考えず、心は常に悪念を思い、口は常に悪意ある言葉を語り、身は常に悪事を行って、善といわれることはかつて一度たりともしたことがない。かれは古の聖人たちや目ざめた人たちの説く教を信ぜず、道を実行すれば人格の完成に至り得ることを信ぜず、死んで後に魂はさらに次の生をうけることを信ぜず、善は善をもたらし、悪は悪をもたらすことを信ぜず、尊敬さるべき人を殺傷し、修行僧たちの間に争いを

おこさせようとし、父母、兄弟、親族の者たちを殺傷しようとさえするのだ」（下略）
以上はじめ、五悪の人間社会に対し「今われ此の世間において作仏し、五悪・五痛・五焼の中に処すること最も劇苦なり」とある。しかし「世間みなかくの如し。仏みなこれを哀れむ」とあり、この五悪・五痛・五焼を消除して「無為《むい》の安き」に昇らしむ、とある。仏の大慈大悲であり、そのための本願成就である。

⑥③ **命《いのち》終らんと欲する時、阿弥陀仏、観世音、大勢至《だいせいし》、無量の大衆とともに、眷属《けんぞく》に囲繞《いに》せられ、紫金《しこん》の台《うてな》を持して、行者の前に至り、讃《たた》えて云《い》いたもう「法子よ、汝、大乗を行じ第一義を解《さと》る。この故に我れ今来りて汝を迎接《こうしょう》す」と。**

（観《かん》無《む》量《りょう》寿《じゅ》経《きょう》）

観無量寿経はマガダ国の阿闍世《あじゃせ》太子の暴逆による王舎城《おうしゃじょう》の悲劇から始まる。頻婆娑羅王《びんばしゃらおう》の幽閉、つづいて王を助けようとした韋提希夫人《いだいけぶにん》もまた幽閉される。今もインドのラージャグリハの霊鷲《りょうじゅ》山《せん》の麓に、その跡といわれるところが残っている。仏は目連《もくれん》と阿難《あなん》を派し、仏自身もまた王宮に入り、親しく韋提希夫人に法を説きたもう。

その時、韋提希夫人は、現実の苦悩を脱れるため「極楽世界の阿弥陀仏のみもとに生まれんことをねがう。ただ願わくば、世尊よ、われに思惟を教え、われに正受を教えたまえ」と願うたので仏の説法がはじまる。

まず彼の国に生まれんと欲するものは三福《さんぷく》を修すべし、と。一、父母に孝養し、師長に奉事《ぶじ》し、慈心にして生きものを殺さず十 善業《じゅうぜんごう》を修す。二、仏法僧の三宝に帰依し、もろもろの戒を守り、威儀を犯さぬ、三、菩提心をおこし、因果を深信し、大乗の経典を読誦して行者を勧進する。この三福を修することを教え、さらに心を統一して浄土を観想する十三の方法が述べられる。すなわち日想観《にっそうかん》、水想観《すいそうかん》、宝地観《ほうちかん》、宝樹観《ほうじゆかん》、宝池観《ほうち かん》、宝楼観《ほうろうかん》、華座観《けざ かん》、像想観《ぞうそうかん》、真身観《しんしんかん》、観音観《かんのんかん》、勢至観《せいしかん》、自生観《じしようかん》、雑想観《ぞうそうかん》である。

なかでも第九真身観は最も主要な観察であるが、この中に「この観をなすを、一切の仏身を観ると名づく。仏身を観るをもっての故に、また仏心を見る。仏心とは大慈悲心これなり。無縁の慈しみをもって、もろもろの衆生を摂するなり」とある。仏心とは大慈悲心これなり、とは観無量寿経中の名文句として広く知られるところである。

経典はこの十三観につづいて、上品《じょうぼん》、中品《ちゅうぼん》、下品《げぼん》、そのそれぞれに上生《じょうしょう》、中生《ちゅうしょう》、下生《げしょう》のあわせて九品往生人観《くぼんおうじょうにんかん》が述べられ、この三観とさきの十三観とをあわせて十六観。そして三福十六観が観無量寿経の中心である。

さてここに掲げた文は、上品中生について述べられたものである。まず上品上生とは、いわば最もすぐれた往生人であるが、これには四種類の人があげられている。

一、至誠心《しじょうしん》と深い信仰心と浄土に志向する廻向発願心《えこうほつがんしん》の三心あるもの。

二、慈悲心あって、無益の殺生せず、仏教徒の戒めを守るもの。

三、大乗経典を読誦するもの。

四、仏・法・僧・戒《かい》・捨《しゃ》・天《てん》の六念をなすもの。

この四つのいずれかに相当するものが上品上生である。そしてそれにつぐのが上品中生である。以下下品下生までを簡単に述べると、上品中生とは、大乗経典を受持読誦せずとも、よく義趣を解し、因果を信じ、大乗を謗《そし》らぬもの。

上品下生とは、因果を信じて大乗を謗らず、ただ無上菩提心を発する人。

中品上生とは、殺・盗・淫・妄・飲酒に対する五戒を受持し、父母師等を殺害する逆罪をなさざる人。

中品中生とは、一日一夜、戒を持ち威儀《いぎ》欠けない人。

中品下生とは、父母に孝養し、世間に仁慈を行う人。

下品上生とは、愚人で衆悪を作って慚愧《ざんき》することなく、ただ命終《みょうじゅう》の時に善友が大乗経を称讃するを聞いて、それによって罪が消え、南無阿弥陀仏と称する人。

下品中生とは、これは出家中の悪人で、最悪で僧団のものを盗み、名誉や利益の目的で法を説き、ために地獄におち、まさに衆苦を受けんとする時に、善友がこれを憐れみ、阿弥陀仏の威徳を説くと、その功徳で衆苦を脱し、化仏《けぶつ》に迎えられ浄土に往生する人。

下品下生とは、悪業を具した愚人で、多劫に悪道におちているものが、その命終の時にさしせまって、善友が無量寿仏を称せよ、と称えしめるもので、これを善友助けて南無阿弥陀仏を十称する間に浄土に生ずるもの。

以上が九品往生《くぼんおうじょう》の姿である。

⑭ 舎利弗《しゃりほつ》よ、もし善男子善女人ありて、阿弥陀仏の名号を説くことを聞き、その名号を執持《しゅうじ》するに、もしは一日、もしは二日、もしは三日、もしは四日、もしは五日、もしは六日、もしは七日の間、一心不乱ならば、その人命《いのち》終る時に臨んで、阿弥陀仏は、もろもろの聖《しょう》衆《じゅう》とともに、その前に現在したもう。

（阿弥陀経《あみだきょう》）

無量寿経を大経とよぶのに対して、阿弥陀経を小経とよぶことは前に述べた。また四紙経ともいわれ、上代の経典仕立で数えれば、紙数わずかに四枚にすぎぬ短かい経典である。説所《せっしょ》と列座《れつざ》の衆《しゅう》をあげた序説につづいて、「極楽の国土と聖衆《しょうじゅう》」をあげ、ついで「念仏によって浄土に生まれる」ことが説かれ、さらに「釈尊と諸仏の証明をあげて、信を勧《すす》」めたあと、結語となっている。

今「極楽の国土と聖衆」を説くところの一部を筑摩書房「仏典」Ⅱの早島鏡正氏の訳によってあげてみよう――

『シャーリプトラ（舎利弗《しゃりほつ》）よ。ここから西方に、十万億のほとけの国土を過ぎたところに〈幸あるところ〉（極楽）という名の世界がある。その世界には、限りないいのちとひかりの体現者である阿弥陀仏（無量寿如来）という、仏が住んでおり、いま現に教を説いておられる。

シャーリプトラよ、その世界をなぜ〈幸あるところ〉と名づけるのであろうか。その世界に住む生ける者たちには、身体の苦しみも心の苦しみも、すべてなく、ただ幸せをもたらすものばかりが、そこにある。それ故に、その仏の国土を〈幸あるところ〉と名づけるのだ』

以下浄土の荘厳が述べられる。そしてその浄土の荘厳を聞く者は、かの仏の世界に生まれたいという願いをおこすべきである。しかし、「少善根福徳の因縁《しょうぜんごんふくとくいんねん》」すなわちわずかな善根や福徳を修めただけでは、かの仏の国に生まれることは出来ないとして、つづいてここに掲げた文となる。

つまり凡夫の積功《しゃっく》の少善根福徳の因縁では、往生浄土は望めない、必ずや仏陀成就の多善根福徳の名号を執持《しゅうじ》すること一日乃至七日、しかも一心不乱ならば、仏の国に生まれることが出来る、というのである。

執持とは、善導（唐代、六八一没）の往生礼讃偈に「一心称仏不乱」一心に仏のみ名を呼びつづけて乱れず、とある。執持すなわち一心なり、一心すなわち信心なりともある。

そして「阿弥陀仏はもろもろの聖衆とともに、その前に現在したもう」とは、臨終の来迎《らいごう》をさしている。

ここに掲げた一文を、同じく早島鏡正氏の訳をあげれば、

『シャーリプトラよ。もしも立派な男性や女性がいて、阿弥陀仏の名まえのいわれを聞き、その名を心のなかにとどめること、あるいは一日、……あるいは七日の間、心を一にして散乱しないならば、その人の臨終の時に及んで阿弥陀仏は多くの聖者たちに、とりまかれて、この人の前に立たれるであろう』

そしてこのあと、釈尊や諸仏の証明をあげて、信が勧められる。

㉟

もし人王《にんのう》あって自ら護り、及び王の国土多く安楽を受くることを得んと欲し、国土の一切の衆生をして、悉く皆快楽を成就し、具足《ぐそく》せしめんと欲し（略）、正法をもって国土を治めんと欲せば（略）、世尊、この人王はまさにまさに必定《ひつじょう》してこの経典を聞き、及びこの経典を読誦《どくじゅ》し受持《じゅじ》するものを恭敬《くぎょう》し、供養《くよう》すべし。

（金《こん》光《こう》明《みょう》経《きょう》）

第十三話には金光明経中の本生譚《ほんしょうたん》、捨身飼虎《しゃしんしこ》についてふれたが、今改めて金光明経そのものについて述べる。

ここに掲げたのは北涼《ほくりょう》（三九七—四三九）の曇無讖《どんむしん》の訳した「金光明経」だが、この旧訳に対して義浄（七一三没七十九歳）訳の「金光明経最勝王経《さいしょうおうきょう》」がある。

古来金光明という経題について種々解釈されているが、天台大師智顗《ちぎ》（五九七没六十歳）は、金光明とは仏陀の三身及び三徳をあらわすという。三身とは法身《ほっしん》・報身《ほうしん》・応身《おうじん》であり、三徳とは法《ほっ》身《しん》・般若《はんにゃ》・解脱《げだつ》をいう。

金光明経は四巻十九品に分かれ、その重要な教説は、法身常住《ほっしんじょうじゅう》の思想と、鎮護国家《ちんごこっか》の思想である。聖徳太子以来、法華経、仁王経《にんのうぎょう》と共に、護国の経典として重要視されてきたことは広く知られている。高僧伝巻一によると、中国に仏教を伝えたとされる迦葉摩騰《かしょうまとう》の伝記に、彼がインドにあった時、かつて某国で本経を講義し、それによって護国安民の実を得たとある。すでにインドにおいて、護国の経典として知られていたことがわかる。

ここに掲げたのは四天王護国品《ごこくぼん》である。四天王は略して四王、または護世王《ごせいおう》といい、原始仏教以来経典に登場し、本経の如く大乗経典に及んでおり、聖徳太子の四天王寺創建の事実を思いあわすのである。表題の文がいささか長すぎ、一部略したので、ここに全文をあげてみよう。

『もし人王あって自ら護り、及び王の国土多く安楽を受くることを得んと欲し、国土の一切の衆生をして、悉く皆快楽を成就し、具足せしめんと欲し、一切の外敵を摧伏《ざいぶく》することを得んと欲し、一切の国土を擁護することを得んと欲し、正法をもって正に国土を治めんと欲し、衆生の怖畏《ふい》を除滅せんことを得んと欲せば、世尊、この人王等はまさにまさに必定《ひつじょう》してこの経典を聴き、及びこの経典を読誦し受持するものを恭敬《くぎょう》し供養《くよう》すべし』

四天王が、その他の諸天善神を代表し、仏前において、この経を奉持するところの国家及び人民を守護し、国難を除き、福祉を与えんことを誓うのだが、その要点を簡潔に述べているのが、この一節である。

すでに述べたように、我国に於て奈良時代以来盛行し、全国に国分寺《こくぶんじ》が置かれたが、正しくは「金光明四天王護国之寺」と称した。また淳和《じゅんな》天皇のころ最勝会《さいしょうえ》がおこり、さらに一条天皇の世に最勝講《さいしょうこう》が起り、本経の講讃がいよいよ盛んになっていった。

この護国品についで、正論品《しょうろんぼん》第十一では、王道の本義、すなわち帝王の治道を完からしめようとするには、如何なる方法に依るべきかが説かれている。

⑯ **我れはこれ医師なり。我れはこれ医師なり。よく方薬《ほうやく》を知る。今まさに汝がために療治《りょうち》し救済して悉く除癒《じょゆ》せしむべし。**

(金《こん》光《こう》明《みょう》経《きょう》)

以下は金光明経除病品《じょびょうぼん》の一節である——

『その昔、天自在光王《てんじざいこうおう》という国王の時代、「持水《じすい》」と名づける長者があった。大変医術の奥義に達して、よく病苦に悩んでいる多くの患者たちを救済した。彼には「流水《りゅうすい》」と名づける子があって、容姿殊のほか美しく、その性格はまさに聡明であった。

ある年のこと、国内に悪疫が流行し、その勢いはげしく、病に倒れる人は大変な数になった。

「流水」は、この悲惨な状態をながめて黙視することができず、ひそかに次のように考えた。

∧父は大変医術にくわしいから、こうした病人も容易に治してやれるだろう。だが今は老衰して、とても多数の人々を治癒《ちゆ》させることはむつかしい。せめて私が父の医術を学んで一刻も早く多くの人を治癒させてあげたい∨と。

そこで父のもとに赴《おもむ》いて、その事情を訴え、治療の方法を授けてくれるよう頼んだ。父はわが子の慈悲深いのに感じて、早速治療の方法を教えた。』

経典の本文では、その治療の方法がくわしく述べられている。風病、熱病、肺病についてその原因と治療法が述べられている。おそらく古代インドの医術にもとづくものであろう。こうした医術に関する具体的記述は珍しい。

こうして「流水」は父から詳細に医術を習いうけ、あらゆる地方に出向いて、病人に向ってやさしい言葉で語りかけた。それがここに掲げた文である。即ち「私は医者だ。私は医者だ。よく医術にくわしい。いままさにあなたのために治療し、救済して、病気を除いてあげましょう」と。流水のやさしい言葉を聞いた人々は、心に大いに喜んだ。この時、重病に悩む人たちの数は、はかり知れなかったが、いずれも流水の言葉を聞いて喜び、いろいろの病気もたちどころに治癒した。中には病苦深重、治癒しがたきもの無数であったが、いずれも流水のところにやってきて、その与える妙薬によっていずれも皆治癒することが出来たという。

○

経典では、つづく「流水長者品《りゅうすいちょうじゃぼん》」で、日照りに池の水がなく、苦しんでいる万を数える魚のために、王さまにお願いして二十の大象に水を負わしめ、池の水を満たしてより、さらに流水長者の子どもの、水空《すいくう》と水蔵《すいぞう》の二人は、家にかえり、魚のために家にあるかぎりの食物を持ってきて与えた。

そして流水は、魚のために十二因縁を説き、命終《みょうじゅう》の時には宝勝如来《ほうしょうにょらい》の名号を称えたならば天上に生まれることが出来ると教えた。そしてその万を数える魚たちは宝勝如来の名号を称えて天上に生まれることが出来たという。

最後に、この流水こそ釈尊であり、水空とは羅睺羅《らごら》、水蔵は阿難《あなん》であると教えられる。本生譚の一つである。

㊿⑦ われ如来《にょらい》の、われに教えて諦《あきら》かに諸の有為《うい》の相を観ぜしめたもうを聞きて、我れ仏を辞し、晦《くら》き清斎《しょうさい》に宴《えん》して、諸の比丘の沈水香《ぢんすいこう》を焼《た》くを見しに、香気寂然《こうけじゃくねん》として来って鼻中《びちゅう》に入る。（略）これに因《よ》りて意銷《しょうむ》し無漏を発明《ほつみょう》す。

（首《しゅ》楞《りょう》厳《ごん》経《ぎょう》）

首楞厳経《しゅりょうごんぎょう》には、羅什《らじゅう》訳の首楞厳三昧経《しゅりょうごんさんまいきょう》と、唐の般刺密帝《はらみったい》（七〇五没）訳の大仏頂如来密因修《だいぶっちょうにょらいみついんしゅ》証了義諸菩薩万行首楞厳経《しょうりょうぎしょぼさつまんぎょうしゅりょうごんぎょう》と、内容の異なる二経典がある。禅家を中心に広く流布したのは後者であり、今ここに掲げた一文も後者による。

この首楞厳経の発端《ほったん》となる話は、摩登伽経《まとかきょう》にある。摩登伽《まとか》とは、インドの四姓の最下級、旃陀《せんだ》羅《ら》の一種で、卑賤な業をいとなむもので、その摩登伽女《まとかにょ》が仏弟子阿難《あなん》に恋をし、その母親の魔術にひきよせられ、あやうく阿難はその呪法《じゅほう》によって堕落《だらく》せんとした時、仏は阿難を救うとともに摩登伽女をもさとし、本性比丘尼《ほんしょう》として仏弟子に加えられたのである。

首楞厳経はこの話をうけている。十巻のこの経典の第一巻は、この阿難の受難を解放し、摩登伽女を度せしめた話を述べ、心の実相について説明がなされている。

さてここに掲げた一文は、円通章《えんつうしょう》とよばれる一段（首楞厳経巻五）である。円通とは、覚慧円かに法性に通ずるという意で、仏がおもな弟子二十五人に、各自の入道のいきさつを告白させられるのである。

「お前がたは、どんな方法で、仏道に入り、三昧の境地に住することが出来たか、各自述べてみるがいい」と。

そこでまず憍陣那《きょうじんな》（憍陣如《きょうじんにょ》のこと）ら五比丘は――

「私たちは、鹿野苑《ろくやおん》で、一番最初に成道された世尊にお逢いした時に、尊い仏陀のお声を聞いて、四諦《したい》の道理を悟ることが出来ました。それゆえ、私たちは音声によって迷いの夢をさましたわけです」と。

証悟（さとり）に入るには、随時随処、何を機縁としてでも入ることが出来ることが教えられているのである。

ここに掲げた一文は、香厳童子《こうごんどうじ》の場合である――

「私はある時、仏所から帰ってきて、一室で瞑想していますと、他の比丘たちの焼いていた沈《じん》水香《すいこう》の香気が鼻に入って、それを機会に、諸々の邪念をすっかり払い去って、悟道に目ざめることが出来ました。だから如来は、私に香厳童子《こうごんどうじ》という名をつけて下さったのです。だから私にとっては香厳が最上の方便だったのです」と。

ここに掲げた本文について、いささか語義を釈すと、「有為《うい》」とは、はからいの世界である。ああありたい、こうありたいと欲望に追われてはからう世界、つまり迷いの世界である。「仏を辞《じ》す」とは、仏のもとより帰ること、仏のもとを去ることとである。「宴《えん》」とは宴坐《えんざ》といわれるように、瞑想・坐禅すること。「晦《くら》き清斎《しょうさい》」とは、静かな一室とでも訳そうか。「意銷《いしょう》し」の「銷《しょう》」とは、消えること、なくなること、つまりここで「意」とは、はからいである。「無漏《むろ》」とは「有漏《うろ》」が迷いであるのに対して、さとりを意味する。要は沈水香の香気によって悟ったというのである。さとりの機縁は不思議なものである。隅然同じ名だが、香厳撃竹《きょうげんきゃくちく》という話がある。唐代の禅僧百丈懐海《ひゃくじょうえかい》の弟子香厳智閑《きょうげんちかん》は、非常に聡明な人であったが、師の存命中ついに悟りが開けなかった。そこで兄弟子の偽山霊祐《いさんれいゆう》について参禅したが、偽山の追及きびしく、ついに去って小庵を結んだ。ところが、たまたまある日、山中で草木をかり除いていた時、瓦や小石を投げ出したのが竹にあたってカチンと音がした。そのとたん、ついに悟りを開いた、というのである。

さて、なお第二十四番目に立った勢至菩薩《せいしぼさつ》は、「私は、むかし超日月光仏《ちょうにちがつこうぶつ》から念仏三昧を修するよう教えられました。もともと仏の慈悲は広大無辺のものでありますから、すべての衆生を、ひとり子の如く慈《いつくし》んでくださいます。で、衆生がもし仏を憶念《おくねん》するならば、現前にでも、当来にでも、必ず仏を見奉ることが出来るのです。このような、すぐれた念仏三昧によって悟道に目ざめたのでありますから、今生《こんじょう》において念仏の人を摂取《せっしゅ》して、浄土に帰入させてあげるわけです」と。

この勢至菩薩の一節によって親鸞聖人は「勢至和讃《せいしわさん》」をつくっておられます。

㊳ 菩薩は首楞厳三昧《しゅりょうごんさんまい》に住し、足を挙《あ》ぐるも、足を下《お》すも、入る息も、出る息も、念々常に六波羅蜜《ろくはらみつ》あり。

（首《しゅ》楞《りょう》厳《ごん》三《さん》昧《まい》経《きょう》）

この経は早くから漢訳され、合計九種あったとされるが、現存するのは鳩摩羅什《くまらじゅう》訳一本だけである。首楞厳三昧について説く経典である。首楞厳とは梵語の音訳で、十地の菩薩を称する英雄、勇健者《ゆうごんしゃ》にいたる等持《とうじ》という程の意味である。

首楞厳三昧とは、初地から九地の菩薩は得ることが出来ず、ただ十地の菩薩のみよく得ることが出来るとされる。そして首楞厳三昧は、心を修治すること虚空の如く、現在の衆生の諸心を観察し、衆生の諸根の利鈍《りどん》を分別し、衆生の因果を了知《りょうち》するという。そしてあらゆる三昧、禅定を摂すること、転輪聖王《てんりんじょうおう》の主兵宝将《ほうしょう》が、いたるところ降伏せざるものがないようであるという。大般涅槃経《たいはつねはんぎょう》には、また首楞厳三昧とは仏性《ぶっしょう》である。一切衆生に首楞厳三昧があるが、修行しないので、見ることが出来ない、と説いている。

この経典は、内容的に華厳経《けごんぎょう》・維摩経《ゆいまきょう》・法華経《ほけきょう》と深くかかわりあい、しかもその先駆的な思想が述べられており、原典の成立は紀元前後から一〇〇年ごろまでとされている。

首楞厳三昧は、あらゆる三昧門・禅定門・弁才《べんざい》門・解脱《げだつ》門・陀羅尼《だらに》門・神通《じんづう》門・明解脱《みょうげだつ》門等、あらゆる法門悉くを摂しており、菩薩あってこの首楞厳三昧を行ずれば、あらゆる三昧が悉く随順するとされ、経典には百句をもって説明し、「首楞厳三昧はかくの如く無量なり」と結んでいる。

そしてここに掲げた一文では、首楞厳三昧に住する菩薩は、一挙手、一投足の間も、念々に六波羅蜜《はらみつ》を行ずるとし、

「一切ことごとく捨てて心に貪著《とんじゃく》なきは、これ布施《ふせ》波羅蜜なり。心よく寂滅して畢竟《ひっきょう》悪なきは持戒《じかい》波羅蜜なり。心を知り、相を諸塵《しょじん》中に尽くして傷つくるなきは、これ忍辱《にんにく》波羅蜜なり。勤観《ごんかん》擇心《ちゃくしん》、心を知り、相を離るるはこれ精進《しょうじん》波羅蜜なり。畢竟悉く寂し、その心を調伏《ちょうぶく》するは、これ禅定《ぜんじょう》波羅蜜なり。心を観、心を知り、心相に通達するは、これ般若《はんにゃ》波蜜羅なり」とある。

布施・持戒・忍辱・精進・禅定・智慧をもって六波羅蜜（六度）とすることは改めていうまでもない。布施、施しについては三輪清浄《さんりんしょうじょう》といわれる。施すもの、施されるもの、その媒体としてのもの、いずれも貪著ないことが真の布施の条件である。持戒とは、戒をたもつこと、それによって心はにごりなく澄み（寂滅）、あらゆる悪から遠ざかるのである。諸塵中に尽くす、とはこの浮世の中に身を没して、しかも傷つかない。そこに忍辱、がまんの世界がある。勤観擇心とは、つとめて心を思い見て、いろいろえらびわかつことである。悉く寂し、その心を調伏する、つまりおさめ、しずめることである。心を観、心を知り、心相、つまり心の成り立ちに通ずる、これが般若の智恵である。

この六波羅蜜を念々、瞬時も離れず身に体していること、これを首楞厳三昧というのである。

⑲ **無上法王《むじょうほうおう》に大陀羅尼門《だいだらにもん》あり、名《な》づけて円覚《えんがく》となす。一切の清浄なる真《しん》如《にょ》と、菩提《ぼだい》、涅槃《ねはん》と及び波羅蜜《はらみつ》とを流出して菩薩を教授す。**

（円《えん》覚《がく》経《きょう》）

唐、仏陀多羅《ぶっだたら》訳とされる大方広円覚修多羅了義経《だいほうこうえんがくしゅたらりょうぎきょう》であるが、古来中国で撰述された偽経であろうという。文殊《もんじゅ》、普賢《ふげん》をはじめとする十二菩薩が仏と一問一答するという形式で内容が進展する。唐、宗密《しゅうみつ》（八四一没）の大疏十二巻を始め注釈書多く、禅宗では古来維摩経《ゆいまぎょう》、楞厳経《りょうごんきょう》と共に重用するが、道元は他の大乗諸経と異るとしりぞけている。

ここに掲げた一文は、さきに言った文殊菩薩章の一節である。無上法王とは、仏陀、如来をさす。王とは最勝と自在の義を有し、如来は法において自在で、無二最勝の法門を説いて衆生を教化される故に無上法王という。

陀羅尼《だらに》は梵語で、能持《のうじ》・総持《そうじ》・能遮《のうしゃ》と訳す。よくすべてのものごとを摂《おさ》め持って忘れて失わぬ念慧の力をいう。即ち一種の記憶術であって、一つのことがらを記憶することによって、あらゆることがらを連想して忘れぬようにすることをいい、それは種々の善法をよく持つから能持、種々な悪法をよく遮《しゃ》するから能遮といわれる。菩薩が他を教化するためには、必ず陀羅尼を得ねばならず、これを得れば無量の仏法を忘れることがないから、衆の中において畏《おそ》れなく、また自由自在に、たくみに教を説くことができるとする。後世この陀羅尼の形式が誦呪《じゆじゆ》に類するところから、呪《じゆ》と混同されるようになった。

大宝積経陀羅尼品《だいほうしやくきようだらにほん》に「如来の智は諸の善巧《ぜんぎよう》を摂して、所有の宣説清浄ならざるなく、少法の所得なく、皆空に帰す。乃至此れはこれ諸の菩薩の入陀羅尼門《にゆうだらにもん》なり」とあるのは、その経緯を物語っている。そしてそれは円覚、まどらかなさとり、仏所証の無尽の法門そのものなのである。

仏も昔は凡夫、我等も未来は仏である。無上法王に限ったことではないのであるが、悲しいかな、凡夫は本来円具の道理を知らない。仏のみこれを知りたもうのである。この大円覚の妙心から、真如《しんによ》・菩提《ぼだい》・涅槃《ねはん》・波羅蜜《はらみつ》が流出、顕現するのである。

この文につづいて「何をか無明《むみよう》と云う」として、無明について述べられている。

一切衆生は、無始よりこのかた種々に顚倒《てんどう》し、とある。旅人が道に迷ったようなもので、東を西と誤り、南を北と誤る。あるいはまた四大仮和合のこの我らの肉体を、誤って我と認め、色声香味触法の六境を相手に働く、眼耳鼻舌身意の六識を、自分の心と誤る。また病んだものが、目に空中の華を見、また第二の月を見るようなものなのである。

大乗起信論に「忽然《こつねん》として念起《ねんおこ》るを名けて無明となす」とある。この顚倒夢想は、忽然として念起る、いつとはなしに、フト迷ったのである。この無明を打ち破るものこそ、円覚の修行にほかならない。

(70) **そのもろもろの菩薩摩訶薩《ぼさつまかさつ》は、悉くすでに五法《ごほう》・三性《さんしょう》・諸識《しょしき》・無我《むが》に通達し、よく境界《きょうがい》は自心の所現なることを知り、無量の自在三《じざいさん》昧《まい》に遊戯《ゆうげ》し、神通の諸力もて、衆生の心に随い、種々の形を現じ、方便して調伏《ちょうぶく》したもう。**

(大乗入楞伽経《だいじょうにゅうりょうがきょう》)

楞伽経《りょうがきょう》は、1.曇無讖《どんむしん》訳、楞伽経四巻は現存しない。2.求那跋陀羅《ぐなばだら》訳、楞伽阿跋多羅宝経《りょうがあばったらほうきょう》四巻、

3.菩提流支《ぼだいるし》訳、入楞伽経《にゅうりょうがきょう》十巻、4.実叉難陀《じっしゃなんだ》訳、大乗入楞伽経七巻。以上のうち2.3.4.は現存している。ここに掲げた一文は、その第四訳。大乗入楞伽経、羅婆那王勧請品《らばなおうかんじょうぼん》第一の冒頭にある一節である。

羅婆那王《らばなおう》というのは、インドのバラモン文学の伝統では、ラーマーヤナ物語の第三書に出てくる人物で、海の向う側の「楞伽」という国の架空の主で、ラーマ王子から、その妃シーターを掠奪する悪党である。ところがここでは、羅婆那王が仏陀を楞伽に迎えて、説法を勧請《かんじょう》することとなっている。

本経の思想の主な要項は、能取《のうしゅ》、すなわち主体的な物と、所取《しょしゅ》、すなわち客体的な物との二物として顕現する境地における諸事象が、如実には能所《のうじょ》の二を捨離《しゃり》した法性《ほっしょう》、第一義の境地に入らねばならぬことを示すにある。

禅の第一祖である菩提達磨《ぼだいだるま》は、この経を弟子の慧可《えか》に与え、如来心地法門はここにあると言った。禅の基礎をこの経においたのである。後になると、金剛般若経《こんごうはんにゃきょう》がこれにとってかわる（六祖慧能《えのう》）。

さてこの経に説かれた要旨は、ここに掲げた一文にもあるように、五法《ごほう》・三性《さんしょう》・諸識《しょしき》・無我《むが》にある。

五法とは、名《みよう》・相《そう》・分別《ふんべつ》・正智《しょうち》・真如《しんにょ》の五で、名とは現象に仮に名づけた名。相とは現象の差別的な姿、分別とははからう妄想、正智とは真如にかなう智慧、真如とはすべてのものの本体をさす。前三は迷いであり、後の二は悟りの法である。

三性とは、すべてのものの在り方や本性を有と無、仮と実という点から見、①種々な縁から生じた実体のない存在を、実体と誤認する心や、その存在のすがたを遍計所執性《へんげしょしゅうしょう》。②あらゆる存在は、縁によって起ったものであるとする依他起性《えたきしょう》、③その真実の体である真如の円成実性《えんじょうじつしょう》、以上の三つを三性という。

諸識とは眼耳鼻舌身意の六識に、末那識《まなしき》、阿頼耶識《あらやしき》を加えたもの。

無我とは、万有の仮幻を認識して人我《にんが》、法我《ほうが》を絶した境地をいう。

以上の諸点について述べられたのが本経であるが、仏教諸学派の学説を豊富に採用し、それらの混合の中で、種々の学説がいかに宗教的経験と結びついているか、という点を力説しているのが特色である。そして我々の迷いの根源は、無限の過去以来の「習気《じつけ》(薫習された気分)」によって、諸法がただ自心の所現であることを了知しないで、これに執着しているからである、とする。

⑦1 **阿陀那識《あだなしき》は甚深《じんじん》にして微細《みさい》なり。一切種子《いっさいしゅうじ》は瀑流《ばくる》の如し。我れ、凡夫と愚夫とには開演せず。彼、分別し執着して我《が》と為さんことを恐るればなり。**

（解《げ》深《じん》密《みっ》経《きょう》）

解深密経は玄奘《げんじょう》訳が一般に用いられるが、他に菩提流支《ぼだいるし》訳の深密解脱経《じんみつげだつきょう》がある。解深密経は五世紀のころ、無著《むじゃく》や世親《せしん》（いずれもインドの論師）によって大成された瑜伽行派《ゆがぎょうは》（唯識学派《ゆいしきがくは》）の先駆的文献で、竜樹《りゅうじゅ》以後、西紀四〇〇年以前に成立したといわれる。

本経には三時の法輪が説かれている。すなわち、世尊は最初声聞乗《しょうもんじょう》に趣向《しゅこう》するもののために、四聖諦《ししょうたい》の法輪を転じられた。この法輪は以前にいかなる天や人によっても説かれなかった未曽有の教えであったが、十分意をつくさない、いわば未了義《みりょうぎ》のものであったから、そこに種々の解釈がでて論争の的となった。

次に世尊は、大乗に趣向するもののために、一切諸法の無自性《むじしょう》に関し、空性論《くうしょうろん》を説かれた。しかしこれも十分意をつくさず、空性を悪しく理解する徒があらわれた。

そこで一切乗に趣向するもののために、一切諸法の無自性性《むじしょうせい》に関して、第三の法輪を転じたもうた。これこそ十分意をつくした明瞭な教（了義）であるから論争はやんだ、というのである。この第三の法輪こそ「甚深なる義理ある仏の密意を解きほぐす経」といわれる解深密経に外ならない。

ここに掲げた一文は、その心意識相品《しんいしきしょうぼん》第三の結びの一節である。従前の眼・耳・鼻・舌・身・意の六識に対し、阿頼耶識《あらやしき》、別名阿陀那識《あだなしき》なるものが創設されている。経文には次のように言う

――

一切の生類が、この世に出生するのは、一切種子識《いっさいしゅうじしき》が生長して、肉体的な諸器官（根）を維持し、あれこれの分別のことば（言説、戯論《けろん》）から与えられた印象（薫習《くんじゅう》）を維持することに基づいている。この点から阿陀那識と名づけ、また個人存在と密接に結合するから阿頼耶識と名づける。この識を依り所として六識が生起する。その生起のありさまは、あたかも不断に持続する川の流れに、多くの波が起るごとくである。この識の存在は微細で、容易に認識しがたい。もし凡夫にこれを説くと、我（アートマン）と誤認して執着するから、仏はこれを恐れて、優れた菩薩にしか説かないのである、と。

無我を立場とする仏教は、教義理論を展開するにあたって、行為（業《ごう》）の主体をどう考えるか、という問題につきあたる。この解決のために、小乗の諸部派では無我説に立ちながら業や輪廻《りんね》の主体として、さまざまな原理が立てられたが、十分な解決が得られなかった。その主な理由は、眼耳鼻舌身意の六識の範囲では、断絶してしまって、理論上行為の主体、業や輪廻の主体を持続させることが出来ないからである。そこで、解深密経では、この六識の奥に潜在的に持続する阿頼耶識を説くにいたったのである。

しかしこれは、とかく我（アートマン）と誤解されやすい。そこで凡夫と愚夫のためには開演しない、と言われているのである。

㉗

この重悪五濁《じゅうあくごじょく》の世に、もろもろの煩悩多き不浄の国土を取り、あらゆる衆生悪逆《あくぎゃく》を行じ、乃至《ないし》もろもろの不善根を成就して善根を焼滅し、生死の空曠《くうこう》の沢中《たくちゅう》に宛転《えんでん》す、願う所は、かくの如き衆生を調伏《ちょうぶく》せんとするなり。

（悲《ひ》華《け》経《きょう》）

悲華経は、大乗悲分陀利経《だいじょうひふんだりきょう》または悲《ひ》蓮華《れんげ》経《きょう》とも漢訳され、「慈悲の白蓮華の経」という意である。慈悲の白蓮華とは、大聖釈尊をさしていったもので、釈迦如来は浄土に成仏し給わず、この五濁《ごじょく》（劫濁《ごうじょく》・見濁《けんじょく》・煩悩濁《ぼんのうじょく》・衆生濁《しゅじょうじょく》・命濁《みょうじょく》）の悪世に出世し、成道して一切衆生を救済し給うたということは、何れの仏に比しても、より勝れた無量の慈悲があったからである。それで諸仏は余の華であり、釈尊は白蓮華であると、穢《え》土成仏《どじょうぶつ》の釈尊を讃歎してこのように言ったものである。そして何故このように穢土に出世し給うたか、その出世に関しての因縁がどうであったか、その因縁を他の浄土成仏の如来と対照して論をすすめている。

ここに掲げた一文は、第四授記品《じゅきほん》の一節であるが、話は第三大施品《だいせほん》にはじまる無諍念王《むじょうねんおう》の物語である。その昔、この仏世界（刪提嵐《さんでいらん》という）に無諍念王があり、その大臣に宝海《ほうかい》、その子の宝蔵《ほうぞう》が出家して無上道を成じて宝蔵如来となる。宝蔵如来は、無諍念王とその王子たちに大菩提心を起さしめ、王は五十一の大願（弥陀の四十八願）をたて、無量寿如来《むりりょうじゅにょらい》となるであろうと授記。さらにその第一王子は観世音、第二王子を得大勢《とくだいせ》、第三王子を文殊師利《もんじゅしり》、第八王子を普賢《ふげん》、第九王子を阿閦《あしゅく》と、それぞれ授記される。ついで宝海の子八十人、弟子三億人もそれぞれ菩提心を起して授記をうける。

最後に宝海は、無諍念王を始め、その子たちが皆浄土成仏を願うて不浄土を取らず、また宝海の子、及び弟子も不浄土を取ろうと願うたには願うたのだが、なお貪瞋痴《とんじんち》の薄い時代を選んで、五濁悪世《ごじょくあくせ》を顧みようとしなかったので、宝海は五百の大誓願をおこし、悪世に成仏せんと願うたので、宝蔵如来は、宝海が娑婆世界《しゃばせかい》に成仏して釈迦如来と称すべしと授記される、というのがその梗概である。

ここに掲げた文は、大光明仏の善知識、大悲日月光明仏についての一節であるが、ここに穢土《えど》成仏《じょうぶつ》の趣旨が明らかに示されているのでとりあげたのである。浄土成仏に対して、重悪五濁《じゅうあくごじょく》の穢《え》土《ど》に生まれ、悪世の衆生が生死《しょうじ》の世界（迷いの世界）に宛転《えんでん》している、その衆生を調伏《ちょうぶく》しようというのである。

五濁とは、さきにその名をあげたが、人間の寿命が次第に短かくなる時代、即ち減劫《げんごう》において発生する避けがたい社会的、精神的、生理的な五つの汚れである。

劫濁《ごうじょく》―時代の汚れで、この時代に生ずる饑饉、疫病等の天災や戦争などの社会悪。

見濁《けんじょく》―諸の邪悪な思想・見解が栄えること。

煩悩濁《ぼんのうじょく》—貪瞋痴の精神的悪徳がはびこること。
衆生濁《しゅじょうじょく》—心身ともに衆生の資質が低下する。
命　濁《みょうじょく》—人間の寿命が次第に短かくなること。

悲華経第五には、始め五濁は稀薄であるが、次第に五濁が熾烈な時期、すなわち五濁増の時代に及ぶと述べられている。

⑦3 **世出世《せしゅっせ》の恩に其の四種あり、一に父母の恩、二に衆生の恩、三に国王の恩、四に三宝《さんぼう》の恩、かくの如き四恩は一切衆生、平等に荷負《かふ》せり。**

（心《しん》地《ち》観《かん》経《ぎょう》）

正しくは「大乗本生心地観経《だいじょうほんしょうしんぢかんぎょう》」という。大正蔵経には本縁部に配してあるが、自ら「大乗」と名のってあるように、またこの経の思想的背景には、般若《はんにゃ》・法華《ほっけ》・維摩《ゆいま》・華厳《けごん》・涅槃《ねはん》の諸経があり、唯識《ゆいしき》・密教《みっきょう》の色彩さえ濃いので、今ここにあげる。

心地観経は、序品にはじまる十三品から成っているが、今ここには、四恩説を説く報恩品第二をとりあげた。しかし心地観経と言えば四恩と考えられるが、単なる世間道徳のみでなく、その修道論において大乗的出家主義の立場から唯心論《ゆいしんろん》を説くものであることを銘記しておかねばならない。

報恩品は、妙徳長者《みょうとくちょうじゃ》をはじめとする五百の長者が、私たちは菩薩の行を願わない、何故かと言えば、菩薩の修行をするには、父母に遠ざかり、出家の道に趣《おもむ》くので、父母に不孝になる。そればかりか、自分の妻子を人に施し、さらには殺されても、食われても、どんな目にあっても惜しまぬ、まことに苦しい行である、と。

そこで仏が、世出世間の四恩を説かれるのである。

まず父母の恩、わけて悲母《ひも》の慈恩を力説する。懐胎《かいたい》から出生・育児の具体的事実に即してくわしく説く。出産後、乳児の間に飲む乳の量は一八〇斛《こく》であるというのは、いかなる計算によるのであろうか、興味ふかい。そして母には十通りの恩徳があると結ぶ。大地《だいち》・能生《のうしょう》・能正《のうしょう》・養育《よういく》・智者《ちしゃ》・花厳《けごん》・安穏《あんのん》・教授《きょうじゅ》・教誡《きょうかい》・与業《よぎょう》の恩徳である。

第二に衆生の恩である。我ら凡夫は五道（地獄《じごく》・餓鬼《がき》・畜生《ちくしょう》・修羅《しゅら》・人間）を輪廻《りんね》し、何回も生まれかわって、互いに父となり、母となっているのであるから、すべての男女はこれみな慈父母である。すべての人が慈父母であってみれば、父母の恩に報いなければならないと教える。

第三は国王の恩である。国王は正しい教をもって衆生を教化し、悉く安穏ならしめるのは、世間の建築等がすべて中心の柱を根本としているように、国民の豊かな楽しみも、この王を根本とし、王に依存《いぞん》しているからである、と。

ただここで、国王が正しい政治を失うと、八難が起ることを指摘し、国民をよく教えて十善を実行せしめねばならぬ、と戒めている。そして国王の十徳を説く。

第四は三宝、つまり仏・法・僧の恩である。三宝の恩は不可説《ふかせつ》・不可称《ふかしょう》・不可量《ふかりょう》である。あらゆる衆生は、煩悩《ぼんのう》や業《ごう》にせめさいなまれているが、このことをさとらず、苦しみに沈み、まよいの尽くることとてない。仏・法・僧の三宝は、この世に出世して船頭となって愛欲の流れをきり、さとりの岸にみちびき、智あるもの悉くみな仰ぎ敬う。

仏宝については、第一に仏の本体である自性身《じしょうしん》、第二に報身《ほうしん》である受用身《じゅゆうしん》については、大円鏡智《だいえんきょうち》・平等性智《びょうどうしょうち》・妙観察智《みょうかんさつち》・成所作智《じょうしょさち》の四智を円具した自受用身《じじゅゆうしん》と、他受用身《たじゅゆうしん》を説き、第三に変化身《へんげしん》を説き、六種の微妙な功徳を述べる。

この仏法不思議の恩に対して、五百の長者たちは、無量の化仏《けぶつ》が世界に充満し、衆生を利益せられているのに、何故世間の衆生は仏を見ず、あらゆる苦しみに悩むのか、と問う。これに対して日光天子が、百千の光を放ってこの世界を照しているのに、目の見えない人にはその光明が見えないのと同じであると教え、諸の悪業《あくごう》を造り、仏・法・僧の三宝に近づこうとしない罪悪深重《ざいあくじんじゅう》の衆生も、如来を恭敬《くぎょう》し、大乗を愛楽《あいぎょう》し、三宝を尊重すれば、業障《ごっしょう》は消除し、福徳増長し、仏を見たてまつることが出来ると教える。

次の法宝は、教・理・行・果によってこれを説き、三世の諸仏は常にさとりにいたる微妙の法宝を供養される。まして三界の迷える衆生は、微妙の法宝を大切にせねばならぬと教えられる。

最後の僧宝には、菩薩僧・声聞僧・凡夫僧《ぼんぶそう》の三種と、福田僧《ふくでんそう》をあげ、この聖凡の僧宝は常に衆生を利益して暫らくも捨てず、これを僧宝不可思議であると教え、僧宝の十義を説き、この恩に報い、さとりを求めるには、三種の波羅蜜《はらみつ》が説かれる。すなわち十種の布施《ふせ》波羅蜜、十種の親近《しんごん》波羅蜜、そして十種の真実波羅蜜である。さきの二つは、有所得心《うしょとくしん》であるが、最後の真実波羅蜜とは、無上の大菩提心《ぼだいしん》を起し、無所得《むしょとく》に住して、多くの人々にすすめて大菩提心を起さしめ、真実の教に住し、一四句偈でも、たとえ一人にでも施し、無上のさとりに向わせたら、これこそ無所得心に住するものであり、真実の報恩であると結ぶ。

(74) 年々七月十五日、常に孝順《きょうじゅん》、慈《じ》をもって、所生《しょしょう》の父母《ぶも》乃至七世の父母を憶《おも》い、ために盂蘭盆《うらぼん》をなし、仏及び僧に施し、もって父母長《じょう》養《よう》慈愛の恩に報ぜよ。

（盂《う》蘭《ら》盆《ぼん》経《ぎょう》）

竺法護《じくほうご》（三〇八没）訳の仏説盂蘭盆経である。

仏弟子の大目揵連《だいもっけんれん》（目連《もくれん》）が、六通《ろくつう》（神足通《しんそくつう》・天眼通《てんげんつう》・天耳通《てんにつう》・他心通《たしんつう》・宿命通《しゅくみょうつう》・漏尽通《ろじんつう》）を得、父母を度《ど》してその恩に報ぜんと、道眼《どうげん》をもって見たところ、母は餓鬼《がき》の中にあって、食べものもなく、肉落ち皮ばかりになっていた。目連が早速鉢に飯を盛って母におくったが、口に入れようとすると、たちまち火となって食べることが出来ない。目連はそのありさまを見て、仏のもとに走り、この様子を告げた。

仏が言われるには、汝の母は罪深く、とてもお前一人の力では救えない。十方の諸衆僧の威神力をかりて始めて救うことが出来る。夏安居《げあんご》（雨期の定住生活）の最後の自恣《じし》（互いに罪過を指摘、懺悔する日）の日である七月十五日に、百味の飲食五菓等を供えて、十方の衆僧に供養すれば、三塗《さんず》の苦しみから救われる、と教えられ、目連の母はその日に餓鬼の苦しみから脱することが出来た、というのである。

いわゆる「お盆」の行事は、この経説にもとづくものである。盂蘭盆《うらぼん》とは、ウランバーナという梵語の音与で「倒懸《とうけん》の苦」、さかさづりになっている苦しみ、という意である。

「この経典の中核はインドで造られ、これに中国人が書き加えて、現在の形になったと思われる」という。

中国では梁《りょう》（五〇二―五五七）の武帝の大同四年（五三八）、始めて盂蘭盆会を行ない、初唐時代、官民の間に広く行なわれるようになった（法苑珠林《ほうおんじゅりん》）。

日本では、日本書紀推古《すいこ》天皇十四年（六〇六）四月の条に「四月八日、七月十五日に設斎《せっさい》せしむ」とあるのが始まりで、同じく斎明《さいみょう》天皇三年（六五七）に盂蘭盆会を行ったとあり、さらに続日本紀天平五年（七三三）の条に、宮中で盂蘭盆供養が行なわれたとある。後、広く民間の行事となって今日に至っている。

⑮ **汝、まさに憶念《おくねん》すべし。吾れ、忉利天宮《とうりてんぐう》にありて殷勤《おんごん》に付嘱《ふぞく》せしことを。娑婆世界《しゃばせかい》をして弥勒《みろく》の出世《しゅっせ》に至るまで、已来《いらい》の衆生をして悉く度脱《どだつ》し、永く諸苦を離れ、仏の授記《じゅき》に遇わしめよ。**

（地蔵菩薩本願経《じぞうぼさつほんがんきょう》）

地蔵菩薩本願経は、唐の実叉難陀《じっしゃなんだ》（七一〇寂）訳となっているが、もっと後の訳であろうといわれる。またこの経典は、中央アジアのコータンで成立したとする説や、地蔵十輪経《じぞうじゅうりんきょう》を骨格として中国人が増大補足して成立した偽経であるとする説もある。

地蔵十輪経には、地蔵菩薩の利益《りやく》が詳細に述べられている。その一部をあげると、

「もし衆生あって、諸苦に悩まされ、飢餓《きが》がせまった時に、一たび地蔵菩薩の名を称えると、飲食充足《おんじきじゅうそく》し、あらゆる苦しみから解放され、涅槃《ねはん》の道に進むことができる。またもし衆生あって、衣服等、また医薬、その他の衆具が欠乏した時、一たび地蔵菩薩の名を称えると、その欲すると

ころのもの、みな充足し、涅槃の道に進むことができる。（略）もし衆生あって、身心に苦を受け、病におかされた時に、一たびこの地蔵菩薩の名を称えたならば、身心の苦悩直ちに癒《い》えて、涅槃の道に進むことができる」と。以下、観音経の如く、多くの利益が並べられている。

ところが、この地蔵菩薩本願経には、地蔵菩薩の本生《ほんしょう》がいくつも述べられている。その一例をあげてみよう。

清浄蓮華目如来《しょうじょうれんげもくにょらい》の時に、一人の羅漢《らかん》あり。その羅漢が一人の女人に会った。その名を光目《こうもく》という。光目が言うには、自分の母は亡くなったが、今何処におられるかわからない、と。羅漢が定《じょう》に入って見ると地獄に苦しんでいる。そこで羅漢が言うには、清浄蓮華目如来を念じ、その像を画いて供養せよ、と。

ところがその夜、仏が大光明を放ち、光目に言われるには、汝が母、久しからずして汝が家に生れる、と。果して家中の婢《はしため》に一人の子どもが生まれ、三日にもならぬのに、ものを言い、私はお前の母だ、お前と別れてから地獄におちた。お前の功徳《くどく》で人間に生まれたが、十三年たてば再び地獄におちる、と。そこで光目は十三年で再び母が地獄におちることのないよう、母のために広大な誓願《せいがん》をたてた。その誓願は――

「今後百千万劫の間、世界のあらゆる地獄及び三悪道《さんなくどう》の衆生を救済し、三悪道から離れしめ、これら罪報の人を、ことごとく成仏しおわりて、その後に私が成仏しよう」と。

これを聞いて清浄蓮華目如来は、その誓願をほめ、母を永久に地獄から救った、というのである。そして羅漢は無尽意菩薩《むじんにぼさつ》、光目の母は解脱菩薩《げだつぼさつ》、そして光目は地蔵菩薩であると、その本生を示されるのである。

地蔵菩薩の本生については、他の例もいくつか述べられている。

そしてここに掲げた一文は、釈尊がこの世を去って忉利天《とうりてん》に昇り、その母摩耶《まや》夫人のために説かれたのがこの経の経緯で、その忉利天で地蔵菩薩に、弥勒菩薩《みろくぼさつ》が出世されるまでの無仏の世に、六道《ろくどう》の衆生を救済するよう付嘱《ふぞく》されたということが述べられている。

(76) この菩薩の本誓願力《ほんせいがんりき》をもって、速やかに衆生の一切の求むる所を満じ、よく衆生の一切の重罪を滅し、諸の障碍《しょうげ》を除いて現に安穏《あんのん》を得せしめん。

（占察善悪業報経《せんざつぜんなくごうほうきょう》）

占察善悪業報経二巻、隋の菩薩登《ぼだいとう》（又は灯）訳という。別に名づけて「地蔵菩薩経《じぞうぼさつきょう》」「大乗実義《だいじょうじつぎ》経《きょう》」ともいう。古来偽経説多く、古く松本文三郎はその著「地蔵三経の研究」で、当時俗間で占《せん》察《ざつ》（うらないしらべる意）が行なわれ、一種の信仰となっていたものであるから、これを仏教と結びつけ、その迷信に権威を与うるためこの経が作製されたのであろう、という。中国において仏教に熱心だった隋の文帝はこの経の流行を禁止したが、唐代則天武后《そくてんぶこう》のころ、漸く正経に加えられたものである。

○

仏が王舎城耆闍堀山《おうしゃじょうぎしゃつくせん》におられた時のこと、会中に一人の菩薩があり「堅浄信《けんじょうしん》」という。仏に問うて言うには――

「末法の世に入って衆生の福薄《うす》く、国土乱れ、災害頻《しき》りに起り、種々の厄難《やくなん》相かさなる。人々は善念を失って、貪瞋《とんじん》・嫉妬《しっと》・我慢《がまん》の心深く、中には善法を行ずるかのような人があっても、名聞利養《みょうもんりよう》のためにしているのである。真実に出離の道を求めるものがない。さて、このような時、どうして信心を生ぜしめ、衰悩《すいのう》を除くことが出来ましょうか」と。

これに対して仏は、地蔵菩薩に問えと言われたので、堅浄信菩薩は、何故仏がお答えくださらず、地蔵菩薩に問えといわれるのか、と問うたので、仏は地蔵菩薩の発心《ほっしん》・因行《いんぎょう》を述べ「五濁悪世に化益《けやく》ひとえに厚し」とて、ここに掲げた一文がつづく。

地蔵菩薩は、その本誓願力《ほんせいがんりき》によって、あらゆる衆生の求めに応じ、またあらゆる重罪を消し、現世《げんぜ》安穏《あんのん》ならしめ給う、というのである。

そこで堅浄信菩薩は、地蔵菩薩を勧請《かんじょう》して「悪世の衆生はどうしてこれを導き、諸の障碍《しょうげ》を除き、堅固な信心をいだかせるか」と問うたのに対して、地蔵菩薩は占察《せんざつ》の方法を教える。即ち「まさに木輪相《もくりんそう》の法を用いて善悪宿世《しゅくせ》の業、現在の苦楽吉凶等のことを占察すべし」と。

その中で、数字の一を哲学的に解明し、一は数字の根本である。また一とは一実境界《いちじつきょうがい》である。この一実境界を理解しないから無明が起り、妄境界を観ずるのであると教える。

下巻においては、堅浄信菩薩が大乗の法門に進趣《しんしゅ》する方便を問うたのに、地蔵菩薩は、「もし衆生あって大乗に向わんと思うものは、あらゆる行の根本を知らねばならぬ。行の根本とは一実境界に依って信解《しんげ》を修することである。次第に信解が増長《ぞうちょう》してくると、速かに菩薩の種性に入ることが出来る。その一実境界というのは、衆生の心体は不生不滅《ふしょうふめつ》、自性清浄《じしょうしょうじょう》である。分別の世界を離れ、平等普遍で、あたかも虚空の如く、十方に遍満《へんまん》している」と。

そしてそれが真如《しんにょ》・第一義諦《だいいちぎたい》・自性清浄心《じしょうしょうじょうしん》であり、如来蔵《にょらいぞう》であるという。この如来蔵を妄想《もうそう》分別《ふんべつ》するのが衆生で、一実境界を信じ、六度《ろくど》（六波羅蜜《ろくはらみつ》）を修行すれば菩薩となり、究極的に如来蔵を完成すると、仏になるというのである。

⑰ 薬師瑠璃光如来《やくしるりこうにょらい》、本《もと》、菩薩の道を行ぜし時、十二の大願を発し、諸の有情《うじょう》をして求むる所をば皆得せしめたり。

（薬師如来本願経《やくしにょらいほんがんきょう》）

玄奘《げんじょう》訳、薬師瑠璃光如来本願功徳経《やくしるりこうにょらいほんがんくどくきょう》である。古来偽経説あり、また玄奘の訳出なれば西域地方において作られたものか、とも言う。

○

文殊師利《もんじゅしり》（新訳・曼殊室利《まんじゅしり》）の問にこたえて仏は——

「東方に、ここより去ること十殑伽沙《ごうがじゃ》（恒河沙《ごうがじゃ》）等の仏土を過ぎて、世界あり、浄瑠璃《じょうるり》と名づく。薬師瑠璃光如来・応・正等覚《しょうとうがく》・明行円満《みょうぎょうえんまん》・善逝《ぜんぜい》・世《せ》間解《けんげ》・無上《むじょう》・調御丈夫《じょうごじょうぶ》・天人師《てんにんし》・仏《ぶつ》・薄伽梵《ばがぼん》（以上仏の十号）と号す。曼殊室利《まんじゅしり》よ、彼の仏世尊、薬師瑠璃光如来、本、菩薩の道を行ぜし時、十二の大願を発し、諸の有情《うじょう》をして求むる所をば、皆得せしめたり」とある。

その十二の大願について要点をとって述べると——

1. 自身の光明で限りなく無数の世界を照らし、衆生を自分と同じ境界にさせる。
2. 衆生の進むべき道を正しく示す。
3. 衆生の必要とするものを不足させない。
4. すべての衆生を正法に導き、大乗教の中に安住させる。
5. 衆生に戒律を持たせて悪道におちないようにさせる。
6. 諸根不具のものをすべて治す。

7. 衆病を治して身心ともに安楽にし、無上菩提を得させる。

8. 女形を捨てることを願う女人を、男に生まれ変らせて菩提を得させる。

9. 邪見のものを正見に導いて菩提を得させる。

10. 国家権力による一切の苦悩から衆生を解脱させる。

11. 飢える衆生には美味な食事を与える。

12. 貧乏で衣服がなく、寒熱に悩むものには、上等の衣服を与えて満足させる。

以上の十二大願を述べたあと、薬師の浄土は弥陀の浄土と同じといい、眷属に日光《にっこう》・月光《がっこう》を上首とする無量の菩薩があるという。

次に種々の功徳《くどく》を明し、仏名を称うることによって、戒《かい》・忍辱《にんにく》・精進《しょうじん》・禅定《ぜんじょう》・智慧《ちえ》を得ることが述べられている。

さらに文殊師利は誓願して、像法《ぞうぼう》（正・像・末のうちの像法）時代に、薬師の名号を称聞《しょうもん》せしめ、経を受持せしめんと誓う。

以下なお続くのであるが、その中に、帝王の治国の七難、人衆疾疫難《にんしゅうしつえきなん》・他国侵逼難《たこくしんぴつなん》・自界叛逆難《じかいほんぎゃくなん》・星宿変怪難《せいしゅくへんげなん》・日月薄蝕難《じつげつはくしょくなん》・非時風雨難《ひじふううなん》・過時不雨難《かじふうなん》あり、薬師如来を供養すると七福が生ずる、とある。

最後に、十二神将が多くの眷属とともに、薬師如来の仏名を護持し、薬師の仏名を聞持するものを利益するであろう、と誓って終る。

⑱ **未来世中《みらいせちゅう》のもろもろの衆生等、この菩薩大悲《だいひ》の名称《みょうしょう》を聞いて、形《ぎょう》像《ぞう》を造立《ぞうりゅう》し、香華衣服繒蓋幢旛《こうげえぶくそうがいどうばん》もて礼拝し、繋念《けねん》すれば、この人命《みょう》終《じゅう》せんとする時、弥勒菩薩は眉間《みけん》の白毫大人相《びゃくごうだいにんそう》の光を放ち、諸の天子とともに、曼荼羅華《まんだらけ》を雨《ふ》らし来ってこの人を迎う。**
(弥《み》勒《ろく》上《じょう》生《しょう》経《きょう》)


正しくは、仏説観弥勒菩薩上生兜率天経《ぶっせつかんみろくぼさつじょうしょうとそってんぎょう》という。略して弥勒上生経《みろくじょうしょうきょう》は、弥勒下生経《げしょうきょう》、弥勒成仏《じょうぶつ》経《きょう》と合せて弥勒三部経という。

弥勒菩薩に対する信仰は、上生経と下生経の二つの流れがある。上生経は今現に兜率天《とそってん》にあって説法教化しておられる弥勒菩薩のもとに上生してその化益《けやく》にあずかろうというもので、下生経は釈迦滅後、五十六億七千万年を過ぎると兜率天寿がつき、再びわれらの住む閻浮提《えんぶだい》に下生し、竜華樹《りゅうげじゅ》のもとで成仏、三会《さんね》の説法（竜華三会《りゅうげさんね》という）に於て、釈迦の化度《けど》に預ることのなかったわれら衆生を済度《さいど》せらるることに定まっているのであるから、われらは今から善根を積んでおいて、その時こそ得脱せねばならぬという、竜華三会を待つ信仰である。

ここに掲げた一文は、その上生経の一節である。上生経は、舎衛国《しゃえこく》祇樹給孤独園《ぎじゅぎっこどくおん》において多くの聖衆《しょうじゅう》の集るなか、優波離《うばり》尊者《そんじゃ》の質問を発端に経典は展開する。

「世尊よ、世尊はむかし諸経蔵の中で、阿逸多《あいった》（弥勒の字《あざな》）は次にまさに作仏するとおっしゃったが、阿逸多は凡夫身を具し、煩悩いまだ尽きず、この人命終して何処に生まれるのですか」と。

これに対して世尊は、この人は今から十二年後、命終して兜率天《とそってん》に往生するであろう。この一《いっ》生補処《しょうふしょ》（次の生に仏処を補う人、弥勒をさす）の菩薩を、もろもろの天子が供養する様子が詳しく述べられている。

そしてこの弥勒の弟子とならんものは「まさに五戒・八斎《はっさい》・具足戒《ぐそくかい》を持し、身心精進し、断結を求めず、十善法を修し、一々に兜率天上の妙の快楽を思惟すべし」と教えられている。

五戒は不殺生・不偸盗・不邪淫・不妄語・不飲酒であり、八斎戒とは在家の男女が一日一夜を期して持つ戒法で、殺生・不与取《ふよしゅ》・非梵行・虚誑語《こおうご》・飲酒・塗飾香鬘歌舞観聴《ずしきこうまんかぶかんちょう》・眠坐高広厳麗床《みんざこうこうごんれいしょう》上《じょう》・非《ひ》時食《じしょく》の八つをいう。具足戒とは比丘二百五十戒、比丘尼三百四十八戒を数える。さらに十善法とは、不殺生・不偸盗・不邪淫・不妄語・不両舌・不悪口・不綺語・不貪欲・不瞋恚・不邪見をいう。

さて、つづいて本経の中に「閻浮提《えんぶだい》の歳数五十六億万歳にして、乃ち閻浮提に下生すること弥勒下生経に説くが如し」とあって、この経典が弥勒下生経以後に作られたことを明示している。

最後にここに掲げた一文は、弥勒菩薩の像を造立し、その名を称えたものは、命終の時弥勒菩薩が来迎されることを述べている。

(79) **又、大迦葉《だいかしょう》、沙門《しゃもん》というものに四種の沙門あり、何を謂うて四と為すや。一には形服《ぎょうぶく》の沙門、二には威儀《いぎ》もて欺誑《ごおう》する沙門、三には名聞《みょうもん》を貪求《とんぐ》する沙門、四には実行《じっこう》の沙門なり。**

（大宝積経《だいほうしゃくきょう》）

大宝積経とは、四十九会《え》一二〇巻の経典である。宝積《ほうしゃく》とは、法の宝の集積の意で、種々の教説の宝庫たることを目ざして名づけられたものである。

中でも第五会は無量寿経《むりょうじゅきょう》に相当し、第四十六会は七百頌《じゅ》般若、第四十七会は大集部の宝髻経《ほうけいきょう》と同本、第四十八会は勝鬘経《しょうまんぎょう》にほかならない。また第十三、十四会は小乗系経典となっている。四十九の独立の経典類の集大成で、宝積部とよばれる大蔵経の一部門の根幹となっている。菩提《ぼだい》流支《るし》（七二七没）が一部は旧訳を利用し、一部は改訳し、さらに一部を新たに翻訳して四十九会一二〇巻としたものである。

成立も二世紀以前の成立から五世紀以降インド以外の地で成立したと推定されるものなど、まちまちである。

中で古く宝積経の名で知られていたのは、第四十三会普明菩薩会《ふみょうぼさつえ》で、元来迦葉所問経《かしょうしょもんきょう》とよばれていたらしい。安慧《あんね》（仏滅千百年ごろの人、唯識十大論師の一人）の作といわれる大宝積経論は、この第四十三会の注釈である。

ここでは、仏が大迦葉のために、智慧を失うのと、智慧を得るのとの二十種の四法・三十二種の菩薩の名義・菩薩の福徳無量・中道真実正観・超過二乗《ちょうかにじょう》・畢竟智薬《ひっきょうちやく》・求心相《ぐしんそう》・心摂《しんしょう》・出家の人の二不浄心、乃至二種病等が説かれ、ついでここに掲げた一文のように四種の沙門が説かれている。

形服《ぎょうぶく》の沙門とは、いわば形だけの沙門という意である。形服具足し、鬚髪《しゅほつ》を剃除《ていじょ》（頭をそること）し、応器（托鉢の鉢）を持ってはいるが、身口意の三業清浄ならず、怠けもので戒を守らない沙門である。

威儀もて欺誑《ごおう》する沙門とは、行住坐臥《ぎょうじゅうざが》、規律にかなった起居動作をするが、空についての根本的見解を誤って、人を欺《あざむ》く沙門である。

名聞の沙門とは、持戒を行い、独り閑静処《げんじょうしょ》にあり、町、村を去ること近からず、遠からず、梵行《ぼんぎょう》に適する阿練若《あれんにゃ》にあって、少欲知足《しょうよくちそく》の行、遠離《おんり》の行をなしてはいるが、ただ人に知られんことのみを求めており、真実の厭離《おんり》のため、善寂《ぜんじゃく》のため、得道《とくどう》のため、涅槃《ねはん》のためではない。これを名聞の沙門という。

最後の実行《じっこう》の沙門のみが、真実の沙門であり、生死《しょうじ》に住せず、涅槃に著せず、一切法の空寂なるを知る、これを実行の沙門というのである。

そして最後に「かくの如くなれば、迦葉まさに実行の沙門の法を習うて、名字《みょうじ》によって壊《やぶ》らるなかれ」と戒めている。

⑧⓪ 我が滅後《めつご》において五百年は諸の比丘なお我が法において解脱堅固《げだつけんご》なり。次の五百年は我が正法《しょうぼう》の禅定三昧堅固《ぜんじょうさんまいけんご》に住するを得るなり。次の五百年は読誦多聞堅固《どくじゅたもんけんご》に住するを得るなり。次の五百年は我が法中において多くの塔寺《とうじ》を造りて堅固に住するを得るなり。次の五百年は我が法中において闘諍《とうじょう》・言訟《ごんしょう》し白法隠没《びゃくほうおんもつ》し損減《そんげん》して堅固なり。

（大《だい》集《しゅう》月《がつ》蔵《ぞう》経《きょう》）

大集経《だいしっきょう》、正しくは大方等大集経《だいほうどうだいしっきょう》は一部六〇巻。仏が十方の仏菩薩を集めて大乗の法を説いたもので、空思想に加えて密教的要素が濃厚である、と。瓔珞品《ようらくぼん》を始めとして十七分より成る。第十五分にあたるのが月蔵分《がつぞうぶん》で、大乗大方等大集月蔵経《だいじょうだいほうどうだいしゅうがつぞうきょう》として別行する。大集経の第四十六巻より第五十六巻に相当する。

ここに掲げた一文は、巻五十五の分布《ぶんぷ》閻浮《えんぶ》提品《だいほん》第十七の一節であり、五五百歳の説として知られるところである。

仏滅後の二千五百年を五箇の五百年に区切って仏教の消長を表わそうとする説で、第一の五百年を解脱堅固《げだつけんご》といい、智慧を得て悟りをひらき解脱するものが多い。第二の五百年は禅定堅固《ぜんじょうけんご》といい、この間は禅定を保つものが多い。第三は多聞堅固《たもんけんご》といい、仏法を熱心に聴聞する者が多い。第四は造寺堅固《ぞうじけんご》といい、熱心に寺塔の建立をなす者が多い。第五は闘諍堅固《とうじょうけんご》といい、互いに自説だけが優っており、他説は劣っているとして争いがつづく。だがそうした状態で仏教が伝承されていく期間をいう。

なお最後の五百年を、後《のち》の五百年とし、法華経薬王菩薩本事品《ほんじほん》の「我が滅度の後、後の五百歳の中に、閻浮提《えんぶだい》に広宣流布《こうせんるふ》して」とある「後の五百歳」を、第五の五百歳にあてた日蓮聖人の解釈がある。

これに類似したものに「仏臨涅槃記法住経《ぶつりんねはんきほうじゅうきょう》」（大正蔵経、十二巻）に、

「正法千年の中、第一百年は聖法《しょうぼう》堅固、第二百年は寂静《じゃくじょう》堅固、第三百年は正行《しょうぎょう》堅固、第四百年は遠離《おんり》堅固、第五百年は法義《ほうぎ》堅固、第六百年は法教《ほうきょう》堅固、第七百年は利養《りよう》堅固、第八百年は乗争《けじょう》堅固、第九百年は事業《じごう》堅固、第十百年は戯論《けろん》堅固なり」

といい、又毘尼母経《びにもきょう》（大正蔵経二十四巻）には、正法五百年中、初の百歳は解脱堅固、第二百歳は定堅固、第三百歳は持戒堅固、第四百歳は多聞堅固、第五百歳は布施堅固なりとある。

さらにこの大集経の五五百歳説は、正像末《しょうぞうまつ》三時の説と絡みあってくる。

正像末三時の説として、古くは雑阿含経《ぞうあごんぎょう》第三十二（大正蔵経、第二巻）に「如来の正法滅せんと欲する時、相似《そうじ》の像法、世間に出で已りて正法則ち滅す」とあり、大乗同性経《だいじょうどうしょうきょう》（大正蔵経、十六巻）巻下に「一切正法、一切像法、一切末法を住持す」とある。

大乗法苑義林章《だいじょうほうおんぎりんしょう》（大正蔵経、四十五巻）に「仏滅度の後、法に三時あり、謂く正像末なり。教行証の三を具するを名づけて正法とし、但だ教行あるを名づけて像法と為し、教のみありて余なきを名づけて末法と為す」とある。

この両説より、解脱堅固・禅定堅固の千年を正法、多聞堅固・造寺堅固の千年を像法、闘諍堅固より末法に入ると考えられるようになった。

(81) 菩薩摩訶薩《ぼさつまかさつ》は一切衆生において平等心《びょうどうしん》・救護心《くごしん》・無碍心《むげしん》・無毒心《むどくしん》を起して世間眼《せけんげん》となり三昧を証得す、名づけて諸法体性平等無戯論《しょほうたいしょうびょうどうむけろん》三昧《さんまい》となす。

（月《がっ》灯《とう》三《さん》昧《まい》経《きょう》）

那連提耶舎《なれんだいやしゃ》訳、月灯三昧経十巻である。はじめにこの経の対告衆《たいごうしゅう》である月光童子《がっこうどうじ》が「仏は何故に一切智者にして有力無畏《うりきむい》、解脱智見《げだっちけん》を具し給えるや」との問に対して、ここに掲げた文のように、仏は一切衆生において、平等心・救護心・無碍心・無毒心を起して世間眼となり、一切諸法《いっさいしょほう》体性平等無戯論三昧《たいしょうびょうどうむけろんさんまい》を成就したからであると答え、十種の十法の功徳が説かれる。ついでこの三昧は最上にして、一切の存在には実体なく、夢・幻のようなものであると観ずることであり、このように存在を正しく観察すれば、最上の功徳である悟りを得ると説く。これが本経を一貫する中心思想である。

第二巻においては、その昔、声徳如来《しょうとくにょらい》の時、大力王ありて、仏に財施《ざいせ》を行じ、無上なる布施行と考えていたのに対し「財食施《ざいじきせ》は仏を尊敬する究竟《くきょう》の供養にあらず、具足戒《ぐそくかい》を持ち、諸の財宝珍宝及び王位を棄捨《きしゃ》し、空閑処《くうげんしょ》に住して一切諸法体性平等無戯論三昧を修して煩悩《ぼんのう》を断除《だんじょ》し、離垢《りく》無為道《むいどう》を悟解《ごげ》することこそ真の仏の供養なり」と教えられ、大力王は仏の教の如く出家し三昧を得、智勇如来《ちゆうにょらい》となったとある。

以下この三昧を修する方法を詳説し、六波羅蜜を説き、ついで諸仏の本生話を述べてこの三昧を讃歎し、最後に諸聖典中から摘出した難解な用語約三〇〇を問答体をもって解説し、終りに本経を阿難に伝授することを述べて終っている。

この経典は、中国・日本ではあまり流行しなかったが、ネパールでは九法宝の一つとして重んじられ、また中観《ちゆうがん》学派でも重視していたことが知られる。

一切諸法の体性については、「一切の法は幻化《げんけ》の如く、猶《なお》し虚空の如く、自性空なりと知り、よく体性これ空なりと知り、よくかくの如く行ずれば所染《しょぜん》なし」（巻三）と述べている。

この三昧も、以上のように、諸法の体性は夢の如く、幻の如く、体性平等であり、そこにはもはやいかなる言説をも超越した、無戯論《むけろん》の世界があるとさとることが、「諸法体性平等無戯論三昧」である。世間眼《せけんげん》とは、仏・菩薩の尊称でもある。よく世間の人の眼となって、正道を指示し、世間の眼を開き、正道を見せしめるからである。

平等心とは仏教の思想の根本である無差別平等の精神、差別の見解を起さぬ心であり、救護心《くごしん》とは一切衆生を救護する心であり、無碍心《むげしん》とは無罣碍《むけいげ》、つまりあらゆるとらわれから解放された、さわりのない心であり、無毒心とは貪瞋痴《とんじんち》の三毒を離れた心である。

㉜ もしは仏出世《しゅっせ》するも、もしは仏出世せざるも、一切衆生の如来蔵《にょらいぞう》は常住不変《じょうじゅうふへん》なり。

（如《にょ》来《らい》蔵《ぞう》経《きょう》）

大方等如来蔵経《だいほうどうにょらいぞうきょう》という。如来蔵経には四訳ありとせらるるも現存せるは二訳のみ。今ここに掲げるのは、東晋の仏陀跋陀羅《ぶつだばどら》（三五九—四二九）の訳である。

如来蔵経はその名の示すように、如来蔵を説く経典で、衆生の煩悩のなかにあって、しかもそれによって染汚《ぜんお》されることのない、如来蔵が存在していることを説くのが主眼である。如来蔵を説く経典のなかでは初期のもので、成仏の可能性を衆生の心内に見出す所にあって、さらに如来蔵そのものの性質や、如来蔵と煩悩の関係などについては言及されていない。

経典は、ここに掲げた一文のように、如来蔵は常住不変であると主題を提示したあと、九つの譬喩を述べている。

第一には、譬えば天眼《てんげん》の人が未だ開かない花を見ると、その花の中に如来身が結跏趺坐《けっかふさ》しておられるのを見るようなもので、そのしぼんでいる花びらを取ってみれば、その如来身が顕われてくるように、衆生の如来蔵も煩悩を取ってみれば自らに顕現する。

第二には、巌《いわお》の上の樹にまじりけない蜜があり、たくさんの蜂がこれを守っている。ところが一人のひとが、その蜂をとり除いて蜜を取り、思うままに食用し、誰彼にも恵んであげるようなものだ。

第三にはウルチの米のように、まだ皮やヌカを取ってない米のようだ。

第四には、真金《しんごん》を便所に落したようなもので、一向に見当らなくても、金は金、天眼の人がそれを見ぬいて、ここに真金ありと見るようなものだ。

第五に貧しい人の家にある珍らしい宝のようで、その人自身気付いておらず、誰にも知られていないようなものだ。

第六には、菴羅樹《あんらじゅ》の木の実《み》のようなもので、これを地に植えると大樹王となるようなものだ。

第七には、ある旅人が真金の像をとられまいと、汚れた布に包んでいるようで、この旅人が死んだ後、誰も気付かず捨ててあったのを、天眼の人が見出すようなものだ。

第八には、貧しい女の人が、のちのち転輪聖王《てんりんじょうおう》になるであろうような子を産んだようで、その子の真価を知らないようなものだ。

第九には、真金の像を鋳《い》たあと、そこらへ捨ててあったようで、外から見れば真黒だが、真金そのものは何らの変化なく、鋳型《いがた》から取り出せば金色に輝いているようなものである。

この九つの譬は、のちに究竟宝性一乗論《くきょうほうしょういちじょうろん》や仏性論《ぶっしょうろん》に取りあげられている。

要するに如来蔵とは、真如、仏性の異名で、一切衆生の煩悩中に隠覆《おんぷく》せられた自性清浄心《じしょうしょうじょうしん》をさしていう。

この経の思想は教理的体系に整えられてゆき、不増不減経《ふぞうふげんぎょう》・勝鬘経《しょうまんぎょう》・無上依経《むじょうえきょう》をはじめ、楞伽《りょうが》・密厳《みつごん》・楞厳《りょうごん》・円覚《えんがく》等、就中涅槃経に大きな影響を及ぼすにいたる。

㊸ 舎利弗《しゃりほっ》よ、甚深《じんじん》の義とは即ちこれ第一義諦《だいいちぎたい》なり。第一義諦とは即ちこれ衆生界《しゅじょうかい》なり。衆生界とはこれ如来蔵《にょらいぞう》なり。如来蔵とは即ちこれ法身《ほっしん》なり。

（不《ふ》増《ぞう》不《ふ》減《げん》経《ぎょう》）

菩提流支《ぼだいるし》（七二七没）訳の不増不減経である。数頁の小経であるが、如来蔵経を承けて、一歩進んで如来蔵の何たるか、煩悩《ぼんのう》との関係について触れている。

冒頭、舎利弗の「衆生海に増減ありや否や」という問にこたえて、世尊が「衆生界に増減ありと見るは大邪見である」と述べられているあたり、不増不減経の名のおこりである。

言わんとするところは、如実空見《にょじつくうけん》であって、空は有に対するものでなく、有無を双絶したものである。だから有の無に帰するとする減見と、無より有を生ずるとする増見の二つの見解を邪見としてしりぞけるのである。

そうした邪見は、一切愚痴《ぐち》の凡夫が甚深の義を知らざるが故に起るのであって、その甚深の義とは、如来の智慧の境界であって、第一義諦《だいいちぎたい》である。第一義諦とは、真如《しんにょ》・法相《ほっそう》・中道《ちゅうどう》・法界《ほっかい》などに通じ、究極の絶対的真理である。その第一義諦が衆生界であるというところ、如来蔵思想が鮮明に読みとれるのである。衆生界では真如は煩悩に隠覆《おんぷく》せられている。いわゆる如来蔵なのである。その如来蔵を内実から望めば法身にほかならない。

そして経典は、衆生界に三種の法ありとて、如来蔵本際相応体《にょらいぞうほんさいそうおうたい》及び清浄法、如来蔵本際不相応《にょらいぞうほんさいふそうおう》体《たい》及び煩悩纏不清浄法《ぼんのうてんふしょうじょうほう》、如来蔵未来際平等恒《にょらいぞうみらいさいびょうどうごう》及び有法《うほう》、の三つをあげている。

最初の如来蔵本際相応体とは、如来蔵が根本的に相応するもの、即ち真如法界《しんにょほっかい》をさしている。清浄法とは自性清浄心である。我々の心は真如法界、いわゆる究極の真理に相かなうものであるから、本来清浄なのである、という意である。

第二は、如来蔵が根本的に相応しないもの、すなわち煩悩にまとわれた不清浄法をさしている。真妄《しんもう》のうち妄法《もうほう》をいう。煩悩纏不清浄法とは、煩悩に纏《まと》われた不浄なる妄心をいう。しかし自性そのものは清浄なのである。

第三は、如来蔵が未来にいたるまで永恒平等《えいごうびょうどう》なものであることをいう。不生《ふしょう》不滅《ふめつ》・常恒不変《じょうごうふへん》の法界をさしているので、一切諸法の根本である。ここに言う有法とは、衆生をさしている。もともと有法とは、無法に対する言葉で、無法とは亀毛《きもう》、兎角《とかく》のような実体のないものをさして言い、それに対して、実体もはたらきも無でないもの、いわゆる存在者をさして有法というのだが、ここでは衆生をさして云う。

この三法は、いずれもみな真実にして如であり、不異不差であることが力説されているのも如来蔵思想にもとづくものである。

⑧④ かくの如く、菩薩の大悲は希有《けう》にして言説すべからず。三界を超出《ちょうしゅつ》し、諸の累縛《るいばく》を脱するも、さらに三界に入りて三有《さんう》の生《しょう》を受く。
（無《む》上《じょう》依《え》経《きょう》）


真諦《しんだい》（五六九没）訳、無上依経である。未曽有経《みぞうきょう》及び甚希有経《じんけうきょう》は同本異訳とせられるが、無上依経の序説に相当する。

この経は、涅槃経《ねはんぎょう》・勝鬘経《しょうまんぎょう》のあとをうけて、如来蔵思想を主張し、のちの仏性論《ぶっしょうろん》や、究竟一乗宝性論《くきょういちじょうほうしょうろん》等にも盛んに引用され、法身論《ほっしんろん》・仏性論《ぶっしょうろん》の発達に関して重要な位置を占める経典である。

本経は上下二巻七品よりなるが、冒頭阿難《あなん》が楼閣を建て衆僧に布施することと、仏像を造り供養することと、何れの功徳の方が大きいかを仏陀に問うたのに対し、造仏の功徳がより大なるものであることを答え「如来は無量なるが故に」とその理由が第二品以下に述べられるのである。

そこで如来界の性質を説いて、不生不滅常恒寂住本性清浄《ふしょうふめつじょうごうじゃくじゅうほんしょうしょうじょう》なりとし、それを煩悩と関連させて三種の相を説く。

第一は、本来清浄なる如来界が、煩悩に隠蔽《おんぺい》せられて生死流転《しょうじるてん》する姿であって、これを衆生界と名づけ、第二は、この衆生界の生死の苦を厭離《おんり》し、煩悩を断ぜんがために、十波羅蜜の菩提道《ぼだいどう》を修行するもので、これを菩薩と名づけ、第三には、一切の煩悩を滅除した清浄なる姿であって、如来と名づけるという。この三者は、かく異なった相を現じているが、本来寂静《じゃくじょう》なる如来界であるという点においては異なることなしという。不増不減経の所説と同じである。

そしてそこに「長者救子《ちょうじゃぐし》の譬《たとえ》」が説かれる。

ある富豪の長者に、ひとり子の男の子があった。聡明にして美貌であり、親は片時も目を離さなかった。ところが、その子はまだ幼く、そしてとても踊りが好きでこれに耽溺《たんでき》し、ある時、誤って深い坑《あな》におちた。その坑というのが、糞尿や死屍に満ちていた。その子の母や親戚たちは、その子のおちたのを見て大さわぎをして悲しんだが、身に力なく、この子を救うことが出来なかった。ところが父の長者は早速やってきて、子を思う心深く、糞尿や死屍ものかわ、自らその坑に入って、その子を救いあげた、というのである。経典はこれにつづいて、糞尿、死屍とは、この三界にたとえ、そのひとり子は凡夫衆生にたとえ、母親や親戚は、声聞・縁覚の二乗にたとえ、富豪の長者とは菩薩であるという。

声聞・縁覚の二乗は、衆生が生死《しょうじ》の世界に苦しんでいるのを見て、憂《うれ》えはするが無力で救うことが出来ない。それに対して菩薩の大悲は測り知れず大きい。すでに自らは三界を超出し、あらゆる煩悩から脱しているにもかかわらず、自ら三界に飛びこんで、つまり糞尿、死屍の中に飛びこんで、三界の衆生を抜済するのである。

いわゆる四種涅槃《ねはん》の第四にあたる無住処涅槃《むじゅうしょねはん》が高唱されているのである。煩悩障《ぼんのうしょう》・所知障《しょちしょう》を断じて生死と涅槃の無差別を得ているが、涅槃に住せず、生死を厭わずして衆生を教化するのである。

㉟ 仏は如来蔵を説いて以て阿頼耶《あらや》となす。悪慧《あくえ》は蔵《ぞう》の即ち頼耶識《らやしき》なるを知る能わず。如来清浄蔵と世間の阿頼耶とは、金と指環の如く、

展転《てんでん》して差別なし。

（大《だい》乗《じょう》密《みっ》厳《ごん》経《きょう》）

大乗密厳経は地婆訶羅《じばから》（六七六―六八八訳）訳と、不空《ふくう》（七六二―七六五訳）訳とあり、今は不空訳による。

密厳《みつごん》とは、微密《みみつ》に厳飾《ごんじき》せられた浄土の意である。密厳浄土は三摩地《さんまち》（旧訳、三昧）の力をもって智慧の火で、色《しき》・貪《とん》・無明《むみょう》を焼きつくした初地以上の菩薩の生ずる極楽荘厳国《ごくらくしょうごんこく》で、この国に生まれるためには、五法（名・相・妄想・正智・如々）、三性（遍計所執性《へんげしょしゅうしょう》・依他起性《えたきしょう》・円成実性《えんじょうじつしょう》）、八識（眼・耳・鼻・舌・身・意・末那識《まなしき》・阿頼耶識《あらやしき》）、二無我（人無我・法無我）の法相に了達し、一切は唯識《ゆいしき》の所現なるを覚悟すればよい、という。

その唯心の所作という時、心とは阿頼耶識であるとする。その阿頼耶識は即ち密厳であるという。それは真金《しんこん》が金鉱中にある時のように、愚者には見えないが、智者が巧みに製錬すると真金があらわれてくるように、阿頼耶識も習気《じっけ》（種子《しゅうじ》・薫習《くんじゅう》した気分をいう）に覆われているため、愚者には見えないが、密厳浄土にあるものは、三摩地の力をもってその習気を除くから、明らかに阿頼耶識を認めることが出来る。密厳とは、大明妙智《だいみょうみょうち》の異称である。

さらに如来蔵と阿頼耶識の関係について述べられたのが、ここに掲げた一文で、経典の末尾に近く、阿頼耶識即密厳品《あらやしきそくみつごんぼん》に述べられてある。この如来蔵と阿頼耶識の関係を、真金《しんこん》と指環の関係にたとえている。巧妙な彫金家があって、真金をもって指環をつくったとする。形こそ違っているが、その実、真金であることにかわりないというのである。

智慧の悪い、つまり劣ったものは、蔵すなわち如来蔵が阿頼耶であることを知ることは出来ない。

ここに阿頼耶識即密厳、如来蔵即阿頼耶識であるから、阿頼耶識と密厳と如来蔵が一つであることを説いている。

如来蔵系の経典としては、かなり末期のもの（宇井博士、西紀六〇〇年ごろ）で、本経は一方で不生不滅の如来蔵を説き、一方では万法唯識《ばんぽうゆいしき》の阿頼耶識を立て、その折衷的傾向が強く、本経独自の立場というものがなく、ために唯識宗《ゆいしきしゅう》・華厳宗《けごんしゅう》ともに傍依《ぼうえ》の経典としている。

大乗仏教が発展し切った段階で、密厳浄土は、やがて密教の世界で大きく取りあげられることとなるのである。

㊵86

まさに知るべし、仏は衆生をして生死を出で涅槃に入らしめず、但だ妄想を度《ど》せんがために生死涅槃の二相を分別するのみ。この中、実に生死を度《わた》りて涅槃に至るものなし。所以《ゆえ》はいかん。諸法は平等にして往来あるなく、生死を出づるなく、涅槃に入るなし。

（思益梵天所問経《しやくぼんてんしょもんきょう》）

鳩摩羅什《くまらじゅう》訳（四〇二年）思益梵天所問経である。竺法護《じくほうご》訳（二八六年）の持心梵天所問経《じしんぼんてんしょもんきょう》、菩提《ぼだい》流支《るし》訳（五一七年）の勝思惟梵天所問経《しょうしゆいぼんてんしょもんきょう》と同本異訳である。

四巻十八品より成る。全巻かなりの登場人物があるが、通じて思益梵天《しやくぼんてん》が活躍しているところから経名がある。他の菩薩をさしおいて思益梵天が活躍するところ、在家仏教を説くものであり、またこの経典の特色が「生死を捨てず、涅槃を求めず」という不二法門《ふにほうもん》を説くところ維摩経《ゆいまきょう》に通ずるところが多い。

一経の要旨は、第一巻では生死《しょうじ》・涅槃《ねはん》の二相を分別するは妄想であるとし、第二巻では「真際《しんさい》の所処《しょしょ》には永く二事なし」という。真際とは究極の世界であり、そこではよろこびも憂いも共にないという。第三巻では、仏道を求めるものは、邪見を希慕《きぼ》、つまりねがい慕うという。邪見と仏道の不二を言う。第四巻では、無所聞《むしょもん》、つまり聞くところがないのが聴経《ちょうきょう》、お経を聞くことであるという。終始不二法門を説いている。

ここに掲げた一文は、網明《もうみょう》菩薩が思益梵天に「仏陀説法の目的は生死《しょうじ》を出でしめんがためにあらずや」と問うたのに対して思益梵天の答にあたるが、仏の説法は、衆生をして生死を出でて涅槃に入らしめんとするものではない。ただ妄想《もうそう》によって生死、涅槃を分別して二相ありとする誤った見解を除去せんがためにすぎない。諸法平等にして往来《おうらい》なきをもって、出づる生死もなければ、入る涅槃もない。故に眼前の聖衆一人として生死を出でて涅槃に至るものがない、という。

さらに仏陀は梵天に言う「然り、梵天よ、我は生死をも得ぬ、また涅槃をも得ぬ。如来は生死を説くも、その実、生死を往来する人はない。涅槃を説くもその実、滅度を得る人はない。故にこの法門に悟入するものには、生死の相もなければ、また滅度の相もない」という。

たとえば、痴人《ちじん》が虚空《こくう》を畏《おそ》れて、空を捨てて走るも、いずこに至っても虚空を離れ得ないようなものである。諸の比丘たちは、いかに遠く去っても、空相《くうそう》を出でず、無相《むそう》の相を出でず、無作《むさ》の相を出でぬと教えられる。空・無相・無作を三解脱門《さんげだつもん》という。

そして「もし菩薩にして、二相によりて、菩提心《ぼだいしん》をおこし、生死と菩提と異なる、邪見と菩提と異なる、涅槃と菩提と異なる、と思うものは、ついに菩提の道を行くことがない」とも教えられている。

生死を離れてその後に涅槃を得る、というような見解をいだくものは浅智である。この経は無《む》相不可得《そうふかとく》の見地に立つものである。

㊇ 染衣《ぜんね》を服せずと雖も、心に染著《ぜんじゃく》するところなくんば、則ち仏法の中に於ては、これを真の出家と名づく。

（華《け》手《しゅ》経《きょう》）

鳩摩羅什《くまらじゅう》訳、十巻、三十五品より成る。

舎衛国《しゃえこく》に於て夏安居《げあんご》を終った比丘たちは、王舎城《おうしゃじょう》の竹園にいます仏陀のもとに集っている。かくて十方三世の諸仏は、娑婆《しゃば》世界にあって菩薩のために、衆生の疑を断じ、衆を歓喜せしめる菩薩蔵経を説く釈迦牟尼仏のもとに来集し、手ごとに蓮華を捧ぐ。本経の経名の所以《ゆえん》である。この蓮華とは、善根福徳因縁力をもって、善男子、善女子にさとりを得させ、仏土を浄めるものであるという。

十方三世の諸仏の来集せる時、仏は首楞厳三昧《しゆりようごんさんまい》、乃至不動変三昧《ふどうへんさんまい》等の五十余の三昧に入り、のち三昧より起って、舎利弗《しゃりほっ》に向って菩薩所修の四法行を説かれる（求法品《ぐほうぼん》第二十）。

以下初期大乗の諸の教義が説かれ、菩薩・声聞・国王・居士・夫人・童子、乃至乞人《こつにん》にいたる、すべての人々が大乗菩薩として得道することを説き、この菩薩道を誇《そし》るものの罪として地獄苦を説く（毀壊品《きえぼん》第二十六）。

本経では菩提心を重視しているが、例えば験行品《けんぎようぼん》第二十二では、菩薩心を次のように示している。

まず第一には、あらゆるものを捨て去って、しかも報いを求めないこと。

第二には、法を求めるためには、あらゆる努力を惜しまず、たとえ身命を捨てても、法を捨ててはならない。

第三には、究極の教に逆《さか》らわず、疑惑を生ぜず、法に随順すること。

以上の三つをもって、真の菩薩心であると教えている。

こうした菩薩心を重視することから、ここに掲げた一文のように、形の上で染衣《ぜんね》、つまり僧衣を着ていなくても、心に執着がないならば、これこそ真の出家であると教えている。形式にこだわらない大乗仏教思想の一端を伺い知ると共に、ある意味で経典としては思い切った表現であると言える。

また仏塔に対する供養も重んぜられ、不退転品第三十には、「仏塔がこわれているのを見たら、つとめてこれを修理せよ。また街道に仏の塔廟《とうびょう》を立て、仏の徳をたたえ、これを拝む多くの人々の心を清浄ならしめよ」とある。

以上のように、仏塔崇拝、菩薩道の強調と、法華経に通ずるものがあるといわれる所以《ゆえん》である。

⑧⑧ 妙生《みょうしょう》よ、まさに知るべし。五種の法あって大覚地《だいかくじ》を摂《せっ》す。何らをか五となす。いわゆる清浄法界《しょうじょうほっかい》・大円鏡智《だいえんきょうち》・平等性智《びょうどうしょうち》・妙観察《みょうかんさっ》智《ち》・成所作智《じょうしょさち》なり。

（仏《ぶっ》地《ち》経《きょう》）

玄奘《げんじょう》訳、仏地経である。玄奘（六〇〇―六六四）は、唐の貞観《じょうがん》三年（六二九）インド遍歴の旅に出て、苦難のすえ、仏舎利《ぶっしゃり》、仏像、経巻六百五十七部をもたらして長安に帰ったのが、貞観十九年（六四五）正月であった。その訳出するところ七十五部千三百三十巻といわれる。ところがこの仏地経は、帰国の年の七月十五日、弘福寺《ぐふくじ》の翻訳院《ほんやくいん》で訳出されたもので、玄奘の訳経のごく初期のものであり、それだけに訳文は生硬《せいこう》、難解《なんかい》である。

なおこの仏地経の注釈であるインドの親光《しんこう》菩薩造、仏地経論も玄奘が貞観二十三年（六四九）訳出しており、仏地経、仏地経論ともに、仏地思想研究上重要な文献である。

仏地経とは、その名の如く、仏地《ぶっち》について述べたもので、仏教で説く十界の究極の位である。この仏地について、唯識宗では四智をたてる。有漏《うろ》の心、即ち八識を転回して（即ち転依《てんね》して）

得るところの四種の無漏智《むろち》である。

密教の立場では、この四智に加えて、むしろその根本ともいうべき法界体性智《ほっかいたいしょうち》を加えて五智とする。大日如来の円満なる智を別開したものとして、衆生の第九阿摩羅識《あまらしき》を転じて得るところである。今ここに本経の言う、清浄法界《しょうじょうほっかい》である。

まずその清浄法界とは、譬えば虚空の如しとある。存在の相は千差万別なれど、体は一味、しかも究極の体は不可称《ふかしょう》、不可説《ふかせつ》なのである。

つぎに大円鏡智《だいえんきょうち》とは、さきに言った識を転じて智を得るという立場からは、第八識阿頼耶識《あらやしき》を転じて得るところの智で「円鏡によって衆像影現《ようげん》するが如し」とある。鏡に像が映ずるように、すべてのものの相を、如実に現し出すところから大円鏡智という。

第三の平等性智《びょうどうしょうち》は、第七末那識《まなしき》を転じて得るところの智で、我他・彼此の平等を悟って大慈悲と相応するところから平等性智という。本経には「平等法性円満に成ずるが故に、弘済《ぐさい》大慈なり」等、十種の相を説く。

第四の妙観察智《みょうかんさつち》について、本経には、「妙観察智とは、譬えば世界に衆生を持するが如し。かくの如く如来の妙観察智は、一切の陀羅尼門《だらにもん》、三摩地門《さんまちもん》を任持《にんじ》して、無碍《むげ》に諸仏の妙法を弁説す」という。第六意識を転じて得るところの智で、一切の対境をさわりなく観察し、自在に説法して疑を断ずる智である。

最後の成所作智《じょうしょさち》とは、本経に「諸の衆生の身業を勤励《ごんれい》するが如し、これによって衆生は種々の殉利務農勤工《じゅんりむのうかんこう》等の事を趣求《しゅぐ》す」とある。前五識（眼・耳・鼻・舌・身）を転じて得るところの智で、諸の衆生を利益するために、種々の変化の事業、動作を成就完成する智である。

⑻⑼ 仏の言わく、菩提心《ぼだいしん》を因《いん》となし、大悲《だいひ》を根本となし、方便《ほうべん》を究竟《くきょう》となす。

（大日経《だいにちきょう》）

密教の根本聖典の一つ、大日経は、正しくは大毘盧舎那成仏神変加持経《だいびるしゃなじょうぶつしんぺんかじきょう》という。インド・オリッサの王位を捨てて仏門に入った、密教の高僧、善無畏《ぜんむい》（六三七—七三五）は、七一六年八十歳の高令をもって、中央アジア経由、長安に到着したが、七二五年八十九歳のとき、弟子一行《いちぎょう》の求めに応じて、大日経の漢訳を洛陽《らくよう》で完成した。全体で七巻から成っているが、第六巻までが中心となる経典で、第七巻は前六巻に関連する修法の手引書ともいうべきものである。
善無畏は、さらに「大日経疏《だいにちきょうじょ》」二十巻を一行の筆記で作成した。「大日経疏」は、のち改訂されて「大日経義釈《だいにちきょうぎしゃく》」十四巻とよばれたが、前者は真言宗の、後者は天台宗の大日経解釈の基準となっている。なお大日経にもとづいて画かれた曼荼羅《まんだら》が大悲《だいひ》胎蔵生曼荼羅《たいぞうしょうまんだら》、つまり胎蔵界《たいぞうかい》の曼荼羅である。

漢訳本は三十六品から成っているが、その理論的な記述は、第一の入真言門住心品《にゅうしんごんもんじゅうしんぼん》で、ここに掲げた一文もまた住心品の一節である。第二の具縁品《ぐえんぼん》以下は、曼荼羅《まんだら》・印契《いんけい》・真言《しんごん》などを主として説き、実践・修道面に重点がおかれている。

ここに掲げた一節は、古来因《いん》・根《こん》・究竟《くきょう》の三句と称し、大日経の要旨はこの三句の中に収められるとする。大日経疏にも「此の三句の義の中に、悉く一切の仏法、秘密神力《ひみつじんりき》、甚深《じんじん》の事を摂する」とある。

因とは種子《しゅうじ》である。諸善万行功徳《くどく》の発生の原因を菩提心《ぼだいしん》とみなし、菩提心を因となすという。

大悲を根本となすとは、大慈悲が根幹となって浄菩提心《じょうぼだいしん》の発動を支持し、諸善万行を成就し、かくして最後の悲智《ひち》円満《えんまん》の成果をあげうるのである。

方便を究竟となすとは、諸善万行悉く成満《じょうまん》して、仏果を獲得《ぎゃくとく》し、さらに利他《りた》、下転摂化《げてんせっけ》の門に出づるをいうのである。成仏以後に大悲をもって衆生を済度《さいど》することをいうのである。

経典は、この文につづいて「如何《いか》んが菩提とならば、いわく実の如く自心を知るなり」とある。菩提とはさとりである。何をさとるのかというと、行者自らの心の実相をさとることにあるといぅ。

「実の如く自心を知る」とは、汝自身を知れ、人間よ、汝の身のほどを知れ、汝の無知を知ることこそ知の始まりである、というソクラテス的意味ではない。自心とは自性清浄心《じしょうしょうじょうしん》であり、仏の一切智智《いっさいちち》に通ずる。仏性の自覚といったらいいであろうか。

ここで、山口益編『仏教聖典』（平楽寺書店）所載、大日経の該当部分を引用すると、

「『世尊、どうかお説き下さい』と申し上げると、如来は『最高の真実を得る出発点は菩提心であり、最高の真実を得る基本は悲であり、最高の真実を得る最終目的は方便である。秘密主《ひみっしゅ》よ、菩提とはありのままにみずからの心を知ることであり、無上なる完全なる正覚である。そして菩提心とは、虚空のように認識することができない。一定の形をもたないからである。また秘密主よ、一切の存在する物もまた形を持たない。虚空のようなものであるからである』」

⑨⓪ 一切如来、異口同音《いくどうおん》に彼の菩薩に告げて云く、善男子、まさに自心を観察し、三摩地《さんまち》に住して、自性成就《じしょうじょうじゅ》の真言をもって自ら恣《ほしいまま》に誦《じゅ》すべし。

（金《こん》剛《ごう》頂《ちょう》経《きょう》）

金剛頂経とは、広く梵本十万頌《じゅ》十八会《え》の総名であるから、現今流布する金剛界の諸経に通ずるものであるが、特に三本を主とする。

すなわち、十八会の第一会に四品あるうち、その第一品を訳した不空《ふくう》（七七四寂）訳、三巻。次に施護《せご》（九八〇中国に来る）訳、三十巻。これは第一会の四品を尽《ことごと》く訳したもの。さらに金剛智《こんごうち》（七四一寂）訳、四巻の略出経。

以上三本のうち、一般には不空訳をさして金剛頂経という。正しくは、金剛頂一切如来真実《こんごうちょういっさいにょらいしんじつ》摂大乗現証大教王経《しょうだいじょうげんしょうだいきょうおうきょう》という。金剛界の曼荼羅、その供養法を説き、金剛界の曼荼羅の主尊として五仏、十六大菩薩、四波羅蜜、内供養《ないくよう》、外供養《げくよう》、四摂《ししょう》の各四菩薩の三十七尊が明らかにされている。

金剛智三蔵の口説を弟子不空が記述したと称される「金剛頂義決《こんごうちょうぎけつ》」には概略次のように述べられている。

金剛頂経は莫大《ばくだい》な分量で、南天竺《なんてんじく》の鉄塔の中にあり、仏滅後数百年、誰もあけるものがなかった。ところが、中天竺の仏法が衰えた時、一人の大徳があって、大毘盧舎那《だいびるしゃな》の真言を誦持《じゅじ》し、この大徳がこの真言を誦し、この塔を開かんことを願って七日大塔をめぐり、白芥子《しろけし》七粒をもって塔を開いた。が、塔内の諸神怒って、入ることが出来なかったが、懺悔《さんげ》し、誓願を発し、のち入ることが出来たが、中に入ると塔は閉じ、その塔内にあってこの経を記持して忘れず、のち塔を出でて書写したのが、この金剛頂経である、と。栂尾祥雲《とがのおしょううん》著『秘密仏教史』では、この大塔は南インド、キストナ河南岸のアマラヴァティー大塔であるという。

さてここに掲げた一文は、その金剛頂経のはじめの部分、五相成身観《ごそうじょうしんかん》を述べる一節、その始めの通達菩提心《つうだつぼだいしん》について述べられた一節である。

五相成身観とは密教の観行《かんぎょう》で、五転成身《ごてんじょうしん》、五法成身《ごほうじょうしん》ともいう。五相を具備して、本尊の仏身を行者の現実の身の上に完成させることを観ずるものである。

五相は順次に、大円鏡智《だいえんきょうち》・平等性智《びょうどうしょうち》・妙観察智《みょうかんさつち》・成所作智《じょうしょさち》・法界体性智《ほっかいたいしょうち》の五智に配され、①自己の本性即ち菩提心を理論の上で悟る通達菩提心《つうだつぼだいしん》、②それを実証する修菩提心《しゅうぼだいしん》、③本尊の三昧耶《さんまや》形《けい》（仏の本誓）を観じ、自身と諸仏の融通無碍《ゆうづうむげ》なることを証得する成金剛心《じょうこんごうしん》、④行者の身がただちに本尊の三昧耶形となる証金剛心《しょうこんごうしん》、⑤観行が完成して正しく我と仏とが一致する仏身円満の五つである。

この一節を山口益編『仏教聖典』によると、「このようにおたずねすると、一切如来は異口同音に、かの菩薩に向って、つぎのように仰せられた。『善男子よ、みずからの心をみつめる瞑想に入るべし。そして次のような真言を望む数だけ唱えるべし。オーム、チッタプラティヴェードハム・カローミ（オーン、わたしは心をよくみきわめよう）』」。

(91)　いわゆる世間一切の欲は清浄《しょうじょう》なるが故に、すなわち一切の瞋《しん》は清浄なり。世間一切の垢《く》は清浄なるが故に、すなわち一切の罪は清浄なり。世間一切の法は清浄なるが故に、すなわち一切の有情《うじょう》は清浄なり。世間の一切《いっさい》智《ち》智《ち》は清浄なるが故に、般若波羅蜜多《はんにゃはらみった》は清浄なり。

（理《り》趣《しゅ》経《きょう》）

不空《ふくう》（七七四寂）訳、理趣経である。正しくは大楽金剛不空真実三摩耶経《だいらくこんごうふくうしんじつさんまやきょう》、般若波羅蜜多理趣品である。弘法大師の理趣経開題に「此経は金剛頂瑜伽経《こんごうちょうゆがきょう》第六之会《え》なり」とあるように、金剛頂経十万頌《じゅ》十八会《え》のうちの第六会にあたり、また玄奘訳、大般若波羅蜜多経第五百七十八、第十般《はん》若理《にゃり》趣分《しゅぶん》を根本資糧としている。

有名な理趣経冒頭の十七清浄句を山口益編『仏教聖典』によって紹介しよう。

「男女の交わりによっておこる恍惚境《こうこつきょう》も清浄な菩薩の位である。矢がとぶように急速にはげしくおこる愛欲の心も清浄な菩薩の位である。たがいに触れあうことも清浄な菩薩の位である。愛欲に縛りつけられるのも清浄な菩薩の位である。世の中がすべて思いどおりになるという気持をおこすのも清浄な菩薩の位である。愛欲の心をもって見ることも清浄な菩薩の位である。触れあうことによって生ずるよろこびも清浄な菩薩の位である。愛欲に縛りつけられて愛欲におぼれるのも清浄な菩薩の位である。すべて思いどおりになって慢心《まんしん》をおこすのも清浄な菩薩の位である。愛欲の心をもって見て、みずからを飾りたてることも清浄な菩薩の位である。触れあうよろこびのなかで満足することも清浄な菩薩の位である。愛欲におぼれて光明をみることも清浄な菩薩の位である。慢心をおこしてあらゆる恐れを忘れ、身体がのびのびすることも清浄な菩薩の位である。あらゆる事物の形や姿そのままが清浄な菩薩の位である。あらゆる事物の音声そのままが清浄な菩薩の位である。あらゆる事物の香りそのままが清浄な菩薩の位である。あらゆる事物の味そのままが清浄な菩薩の位である。なぜかと言えば、一切の事物は自性清浄《じしょうしょうじょう》であるから、般若波羅蜜多もまた清浄である」

以上がいわゆる十七清浄句である。仏教徒にとっては、きわめてショッキングな表現である。

この経典は「大楽《だいらく》」と名づけられている。真実の楽しみという意味である。またこの経は、般若理趣品である。般若経は総じて空を説くが、その空が単に否定に終るのでなく、否定が否定されて、肯定となるのである。法華経に説く諸法実相《しょほうじっそう》、つまり存在するものは、ありのままに真実であるという世界、絶対肯定、妙有《みょうう》の世界である。だからこの十七清浄句も、般若波羅蜜多、絶対肯定、妙有の立場から説かれたものであることを知るべきである。

ここに掲げた一文もまたそれに通ずる。第四段、観自在菩薩《かんじざいぼさつ》理趣品の一節で、四句より成っている。

「世間一切の欲は清浄なるが故に、即ち一切の瞋《しん》は清浄なり」とは、煩悩の本性清浄《ほんしょうしょうじょう》なるを明し、「世間一切の垢《く》は清浄なるが故に、即ち一切の罪は清浄なり」とは、一切の罪業は意業《いごう》による、智慧をもって切断すれば意業が清浄となり、意業清浄なれば、身・口の業《ごう》また清浄となることを明している。「世間一切の法は清浄なるが故に、即ち一切の有情は清浄なり」とは、一切法、つまり五蘊《ごうん》・十二処・十八界は本来清浄であるから、五蘊和合《ごうんわごう》の有情《うじょう》もまた清浄である。「世間の一切智智《いっさいちち》は清浄なるが故に、即ち般若波羅蜜多は清浄なり」とは、世間の一切智智とは俗智であり、般若波羅蜜多は仏智、真実の智慧である。俗智が本来清浄であるから、真智また言うまでもなく清浄である、との意である。

この一節の根底にも、絶対肯定、妙有の立場をふまえていること、言うまでもない。

⑨② 仏子よ、もし一切の衆生の初めて三宝の海に入るには信をもって本となし、仏家に住在するには、戒をもって本となす。

（菩《ぼ》薩《さつ》瓔《よう》珞《らく》本《ほん》業《ぎょう》経《きょう》）

菩薩瓔珞本業経、略して瓔珞本業経、瓔珞経、本業経ともよぶ。その名の示すように菩薩の本業、すなわち菩薩行の本筋を開顕することを使命としている。竺仏念《じくぶつねん》（四世紀の人。生没年不詳）の訳とされるが、最近の研究では、五乃至六世紀ころ中国で撰述されたものという。この経は六朝時代（五八九まで）全く伝播の跡をみなかったが、天台大師智顗《ちぎ》（五三八―五九七）がこの経に注目し「瓔珞の五十二位は名義整足す。恐らくはこれ諸の大乗方等別円の位を結べるものならん」と述べている。

ここに掲げた一文は、大乗受学品《だいじょうじゅがくぼん》第七の一節で、この文のあと「戒はこれ一切の行功徳蔵《ぎょうくどくぞう》の根本なり。まさに仏果の道に向う一切の行の本なり」と述べて、三受門《さんじゅもん》、つまり三聚浄戒《さんじゅじょうかい》が説かれている。八万四千の法門を摂善法戒《しょうぜんぼうかい》とし、慈《じ》悲《ひ》喜《き》捨《しゃ》の四《し》無量心《むりょうしん》を摂衆生戒《せっしゅじょうかい》、十波羅夷《はらい》を摂律《しょうりつ》儀《ぎ》戒《かい》としている。そして十波羅夷、すなわち十無《む》尽戒《じんかい》の授戒《じゅかい》の行儀が説かれている。

その前に、受戒の三種を説き、諸仏・菩薩現前し給う時に受くる上品の戒、菩薩滅度の後、さきに受戒の菩薩ありて法師となり戒を授く中品の戒、法師となるべきものなく、自ら誓って受戒する下品の戒の三種である。

十無尽戒については、「仏子よ、今身より仏身にいたるまで尽未来際《じんみらいさい》、その中間に於て、故《ことさ》らに殺生することを得ず。若し犯《ぼん》あらば菩薩行に非ず。四十二賢聖の法を失う。犯ずることを得ず。能く持《たも》つや不《いな》や」と。これに対して受者は「能《よ》くす」と答えるのである。

右の殺戒《せっかい》について、ウソを言わぬ妄語戒《もうごかい》、みだらな婬事《いんじ》を禁じた邪婬戒《じゃいんかい》、他人のものを盗むことを禁じた盗戒、人に酒を売らぬ沽酒戒《こしゅかい》、出家在家の菩薩の罪や過失を説かぬ説菩薩罪過戒《せっぼさつざいかかい》、財や法を施すことをおしまぬ慳戒《けんかい》、いかりの心をおこさぬ瞋戒《しんかい》、おのれを高しとして人をそしることを戒める自讃毀他戒《じさんきたかい》、最後は仏法僧の三宝を謗ることを戒める謗三宝戒《ぼうさんぼうかい》で、以上いずれも最初の殺戒と同じ要領の問答で戒を与えられるわけである。

そしてこのあと、菩薩戒の特色として「菩薩戒は受法《じゅほう》ありて捨法《しゃほう》なし」としている。戒体《かいたい》、つまり戒の働きをする本体、戒を受けた人の生命に収まって防非止悪《ぼうひしあく》をする当体である戒体は、一たび戒をうけたならば一薫永在《いっくんようざい》、未来際を尽くして失することがないという。いわゆる「一得永《いっとくよう》不失《ふしつ》」を説き、波羅夷《はらい》を犯しても戒体を失うことはないとする。瑜伽《ゆが》には捨法ありとするのと、大いに異なるわけである。

このほか心無尽なるが故に、戒また無尽として戒体無尽を説くなど、特色ある戒観が述べられている。

(波羅夷《はらい》とは極重の罪で、他の罪のように懺悔して許されるということなく、僧団から追放される罪をいう)

⑼③ 善男子よ、智者は深く一切衆生の生死苦悩《しょうじくのう》の大海に沈没《ちんもつ》するを見て、抜済《ばっさい》せんと欲す。この故に悲《ひ》を生ず。

(優《う》婆《ば》塞《そく》戒《かい》経《きょう》)

北涼《ほくりょう》の曇無識《どんむしん》(三八五―四三三)訳、優婆塞戒経である。優婆塞《うばそく》とは、在家の信者で男性をさすことばであり、また「善生経《ぜんしょうきょう》」ともよばれる。冒頭、長者の子で善生《ぜんしょう》と名づくるものが、仏在世のころ、インドの思想家六人(仏教では六師外道《ろくしげどう》とよぶ)は、六方礼《ろっぽうらい》を説くが、仏法においてはどうであるか、と問うたのに対し、仏は仏教にも六方礼がある。六波羅蜜であると答えるところから経典は始まる。以下この善生長者のために菩薩戒を説くのがこの経典であるが、戒を説くといっても、単に遵奉すべき律の条々を示すのでなく、広く大乗菩薩の願行《がんぎょう》を説き、それが自然に菩薩戒の内容を形成するという形式ですすんでいる。特に戒相については、出家の菩薩には八重、在家の菩薩については六重といい、八重は省略して、言うところの六重とは受戒品《じゅかいぼん》に説く六重法である。即ち不殺生《ふせっしょう》戒・不偸盗《ふちゅうとう》戒・不虚説《ふこせつ》戒・不邪婬《ふじゃいん》戒・不説四衆過《ふせっししゅうか》戒・不酤酒《ふこしゅ》戒である。つづいて同品に、二十八失意罪を説き、五戒の罪過とその悪報、さらに八斎戒をも説いている。

ここに掲げた一文は悲品第三にあり、外道《げどう》は因果を説かないが、仏は生因《しょういん》・了因《りょういん》を説くと。生因とは正しく果を生ずる因であり、了因とは照了の意で、灯が物を照して隠れたるを顕すような因である。そして生因とは大悲である。そこで「いかんが悲心を修することを得んや」という問に、仏の答えられた言葉がここに掲げた一節である。以下悲心を生ずる因が蜿々《えんえん》とならべられている。

衆生が正しい路に迷って、導き手のないのを見る。この故に悲心を生ずる。

衆生が五欲の泥に臥《ふ》して出ることが出来ず、ことさらに放逸《ほういつ》にふけっているのを見る。この故に悲心を生ずる。

衆生が財産や妻子に縛られてぬけ出せないでいるのを見る。この故に悲心を生ずる。衆生が愛するものとの別れを嘆き、しかもその愛を断ちきれないでいるのを見る。この故に悲心を生ずる。以下続くのである。

そして菩薩には出家と在家とある。出家の菩薩が悲を修するのは、かならずしも難しとしないが、在家の菩薩が悲を修するのは、いと難しい。というのは、悪因縁があるからである。在家の菩薩が悲を修すれば、これを優婆塞と名づけるとある。

二十八品より成るこの優婆塞戒経は、いたるところ味わうべき聖句が散見される。現報・生報・後報・無報の四種の業を説く業品《ごうほん》など興味深い。

⑭

金剛宝戒《こんごうほうかい》はこれ一切仏の本源、一切菩薩の本源、仏性種子《ぶっしょうしゅうじ》なり。一切衆生に皆仏性あり。一切の意識色心《しきしん》、この情、この心あるは皆仏性戒の中に入らん。当々《とうとう》に常に因あるが故に、当々に常住の法身あり。

（梵《ぼん》網《もう》経《きょう》）

梵網経は正しくは梵網経盧舎那仏説菩薩戒品《ぼんもうきょうるしゃなぶっせつぼさっかいほん》第十という。上下二巻より成り、鳩摩羅什《くまらじゅう》訳とあるが、五世紀中ごろ中国に於て撰述されたというのが定説である。広本の六十一品一二〇巻のうち、第十だけ訳したと伝えられる。

上巻では釈尊が第四禅天の摩醯首羅天宮《まけいしゅらてんぐう》にあって、無量の大梵天王及び菩薩衆のために、盧舎那仏所説の心地法門品《しんじほうもんぼん》を説かれたが、その時、身より慧光を放ち、蓮華台蔵世界《れんげだいぞうせかい》まで照らされた。その時、その中の一切衆生は大いに歓喜したが、その光の因縁を疑った。

そこで釈尊は盧舎那仏の紫金剛光明宮《しこんごうこうみょうぐう》にいたって、盧舎那仏を礼して菩薩成仏の道を問われた。これに対して盧舎那仏は心地法門を開顕されたのである。即ち菩薩の階位である四十法門である。

十発趣心《ほっしゅしん》・十長養心《じょうようしん》・十金剛心・十地である。十住・十行・十廻向《えこう》・十地に相当する。

下巻に於て華蔵世界の盧舎那仏は、千華《せんげ》の仏、千百億の釈迦に心地法門品の受持・読・誦を勧《かん》請《じょう》され、十の住処にして十世界海・十住・十行・十廻向・十禅定・十地・十金剛・十忍・十願を説かれた。

ついで釈尊は、この閻浮提《えんぶだい》の世界に下生《げしょう》し、菩提樹のもとで、諸仏の本源としての金剛宝戒について述べられたのが、ここに掲げた一文で、以下十重四十八軽戒《きょうかい》の菩薩戒が説かれるのである。

「金剛宝戒はこれ……」という、ここに掲げた読み方は大野法道氏の国訳一切経本によったのだが、近刊の仏典講座で石田瑞麿氏は「初発心の中にありて常に誦する所の一戒、光明金剛宝戒を説かん。これ一切仏の本源……」と読まれており、後者の方がより趣旨が徹底するように思える。

一戒の一とは絶対の一であり、盧舎那仏の光明を象徴すると共に、永遠不変の金剛と題する勝れた宝の戒という意である。

だからこの戒は、いくつもある戒でなく、根本となる唯一の戒であるという意である。

そしてそれこそ一切の仏・菩薩のよりどころとするところであり、また仏性（仏になる可能性）の因子であるというのである。常に因ありとは仏性の因である。仏性とは内に包んではいるが、いわば仏そのものである。だから常住の法身《ほっしん》なのである。

こうして説き出されるのが十重禁戒であり、四十八軽戒であり、菩薩戒なのである。伝教大師最澄によって、南都仏教の三師七証による如法の受戒は否定され、この梵網菩薩戒が主張されたのであった。

95 十重の波羅提木叉《はらだいもくしゃ》あり。もし菩薩戒を受けてこの戒を誦《じゅ》せずんば菩薩にあらず、仏の種子《しゅうじ》にあらず。我もまたかくの如く誦す。一切の菩薩すでに学し、一切の菩薩まさに学し、一切の菩薩いま学せん。

（梵《ぼん》網《もう》経《きょう》）

梵網経下巻は十重禁戒《じゅうじゅうきんかい》と四十八軽戒《きょうかい》を説く。その冒頭にある一文である。波羅提木叉《はらだいもくしゃ》とは別解脱《べつげだつ》、戒本《かいほん》などと訳す。禁止条項の条文を集めたものである。ここでは菩薩戒を受けたのちの、持戒・読誦・善学を強調している。十重禁戒は十無尽戒、十重波羅提木叉《はらだいもくしゃ》、十波羅夷《はらい》ともよんで、大乗戒における最重罪である。

①不殺戒―殺すなという単純なものではない。人を教峻《きょうさ》して殺さしめること、さらに殺人を称讃し、随喜すること、呪殺《じゅさつ》、つまり呪い殺すことをも意味している。

②不盗戒―財物は生命をささえるものである。だから盗みを不殺戒につぐものとする。これまた単に物を盗むというだけでなく、方便して盗む、呪《じゅ》して盗むとある。方便して盗むとは市場でごまかしたり、品物を換えたりするようなことを言い、呪して盗むとは盗心を抱いて物に呪文をかけ、自分の所有とするを意味する。

③不婬戒―妻以外の女との性的な行為はすべて邪婬である。人を教えて婬せしめるとは、相手の欲情を刺戟して自分を婬するようにすることである。妻以外の女性として、法蔵《ほうぞう》(賢首大師)は畜生・天・鬼・人・六親・姉・妹・娘・母・非道の十に整理している。

④不妄語戒《ふもうごかい》―自ら妄語し、人に教えて妄語せしめ、方便して妄語し、身心の妄語をも意味している。基本的には「見ざるに見たりと言い、見しに見ずという」とある。自分の動作が他人に誤解されるように仕向けるのが身妄語《しんもうご》である。

⑤不《ふ》酤《こ》酒《しゅ》戒《かい》―大智度論十三に「酒に三種あり。一には穀酒、二には果酒、三は薬草種なり。（略）能く人心をして動揺せしむ。一切飲むべからず」とある。本文中に「酒は罪を起す因縁なり」とも、「一切衆生をして顛倒《てんどう》の心を生ぜしめば」ともある。

⑥不《ふ》説《せっ》過《か》罪《ざい》戒《かい》―出家、在家の菩薩・比丘・比丘尼の罪過を説くな。また人をして説かしめるな、ということである。そうした罪過に気付けば、むしろ悲心を生じて教化しなければならぬ、とある。

⑦不《ふ》自《じ》讃《さん》毀《き》他《た》戒《かい》―自讃とは、自らおのれの功徳をたたえること。毀他とは、他人の過悪をそしることである。むしろ逆に悪事は自己に好事は他人に与うべきであるという。

⑧不《ふ》慳《けん》戒《かい》―慳《けん》とはおしむことである。布施を拒否する貪心にもとづく。菩薩は一切の貧窮の人が来り乞うを見ては、一切を給与せよと教えている。

⑨不瞋戒―一切衆生及び非衆生に対して悪口《あっく》もてののしり、手や杖で打ってなおすまず、相手の人が誤っても瞋《いか》り解《と》けず、とある。貪瞋痴《とんじんち》三毒のうち、瞋を戒めたものである。

⑩不謗三宝戒―仏法僧の三宝を自らも謗《そし》り、他人をして謗らせる罪を言っている。外道《げどう》（異教徒）や悪人が三宝を謗るのを聞けば、三百の鉾《ほこ》で心を刺されるように思わねばならぬ。

以上の十の罪は、いずれも波羅夷罪《はらいざい》にあたる。これは根本罪といわれ、律では比丘・比丘尼がこれを犯すと、教団を追放され、死後無間地獄《むげんじごく》におちるとされた。

⑯ もし人百歳もかくの如き十不善の罪を成就せんに、破戒の比丘一日一夜も他の供養を受くれば、罪彼よりも多し。

（仏蔵経《ぶつぞうきょう》）

鳩摩羅什《くまらじゅう》訳、上下二巻十品よりなる。国訳一切経（経集部三）の解題には「大乗律の中に重きをなしていた」とあるが、平川彰『初期大乗仏教の研究』（七四七頁）には「この経は戒について詳しく説き、善護二百五十戒を言い、出家受戒をすすめ、大乗経典ではあるがかなり部派仏教に近い思想を示している。大乗として、とくに重要な経典とは見られない」とある。

この経典は戒について詳しく触れているが、菩薩の律儀《りつぎ》や戒本《かいほん》について直接触れていない。この経を一貫するのは「諸法実相《しょほうじっそう》、無生無滅《むしょうむめつ》」である。

部派仏教に近い思想とあったが、この経典の成立自体が初期大乗の経典で、旧小乗教団による圧迫を意識し、ことごとに小乗教団の比丘を攻撃している。

ここに掲げた一文も、そうした背景のもとで述べられたものであろう。浄戒品《じょうかいぼん》の中の句であり、浄戒品の冒頭には「破戒の比丘に十憂悩《うのう》の箭《や》ありて堪忍《たんにん》すべきこと難し」とある。

破戒の比丘は僧の和合するのを見て喜ばない。というのは、和合する僧の布薩《ふさつ》（半月毎に比丘が集って戒経を読み罪を懺悔する）に出れば、その罪を告白しなければならないからである。

また破戒の比丘は、人が悪牛の角を遠ざけるように人から遠ざけられるので、多くの人たちに親しくつきあおうとしない。

また破戒の比丘は、多くの比丘衆が、自分の悪心に同じてくれないのを知っているから、みなの仲間に入ろうとしない。

以上のように、破戒の比丘は、つねに自ら十の憂い悩みの矢を受けて苦しんでいるという。

そして、その悪比丘を評していう言葉がここに掲げた一文だが、「十不善の罪」とあるのを具体的に列挙している。

もし人、一日に百千万億の衆生を殺し、一日百千万億の金銀宝物を盗み、昼といわず夜といわず邪婬におち入り、ウソを言って人をいつわり、一つとして真実の言葉を述べず、二枚舌を使って人の和合を破り、また破るものを助ける。つねに人の悪口を言って、やさしい言葉を一言もはかず、言葉をてらってまことなく、人に問われると、ああでもない、こうでもないと惑乱《わくらん》させる。むさぼり、いかりの心深く、邪見におちて非道なことをたのしむ。

以上のように、不善の法を行う人の罪は深いかどうかと、仏は舎利弗に問われる。これに対し舎利弗は「甚だ深し」と答えたあとに、ここに掲げた文がつづくのである。

つまりこんなにひどい十不善を行う人よりも、破戒の比丘がわずかの時でも、他人の供養をうけた罪のほうが深い、というのである。

この破戒の比丘については、経中言葉をきわめて悪しざまに述べられている。こんな言葉がつづく…

大悪逆賊《だいあくぎゃくぞく》、悪知識、破戒、邪見、外道《げどう》、無実行、悪件、殺鬼…以下省略する。

その破戒とは、何よりも諸法実相、無生無滅を理解しないものをいうのである。

⑰ 菩薩の出家は自身の剃髪《ていはつ》をもって名づけて出家となすに非ず。何を以ての故に。もしよく大精進を発し、ために一切衆生の煩悩《ぼんのう》を除く、これを菩薩の出家と名づく。

（大《だい》荘《しょう》厳《ごん》法《ほう》門《もん》経《きょう》）

那連提耶舎《なれんだいやしゃ》（北インドの人、五七六中国に至る）訳の大荘厳法門経である。竺法護《じくほうご》（三〇八没）訳の大浄法門経《だいじょうほうもんきょう》と同本異訳である。

仏教経典のなかで、女性を主人公としたものでは、何よりも勝鬘経《しょうまんぎょう》があり、また観無量寿経《かんむりょうじゅきょう》の韋提希夫人《いだいけぶにん》、法華経の竜女成仏、さては維摩経で舎利弗を翻弄した天女など、それぞれに興味ふかい。

ここでは、王舎城《おうしゃじょう》の一娼婦《しょうふ》、勝金色《しょうこんじき》を文殊師利が教化し、大乗の教理を縦横に物語るものである。煩悩即菩提《ぼんのうそくぼだい》という大乗の教理を説くのに、娼婦の登場はまことに格好な題材といえよう。

冒頭からその娼婦、勝金色光明徳《しょうこんじきこうみょうとく》の描写から始まる。宿世の因縁ですばらしく美しい女性に生まれつき、その態度も艶麗《えんれい》で、王舎城の一切の人、なかでも王子・長者子・富豪の子など一たび彼女を見ては心に繋《か》けて愛染したという。

ところがその勝金色女が、文殊菩薩が身を美しく飾り、清潔な衣服を身につけているのに心ひかれ、貪著《とんじやく》の心を起した。この時、毘沙門天《びしやもんてん》が人の姿に身を現じて勝金色に、かの人に貪著の心を起してはならぬ、という。ところが、勝金色は文殊師利のもとに行って、着ている衣裳を下さいと乞う。文殊菩薩は、あなたが菩提心を起したならばあげよう、という。

かくて大乗仏教独特の教理について文殊菩薩と勝金色の対談はつづく。（以上、上巻）

かくて勝金色は「唯だ願わくば、慈愍《じみん》して我れに出家を聴《ゆる》したまえ」と乞う。その時の文殊菩薩の答えの冒頭が、ここに掲げた文である。簡単に云えば、文殊は出家の真義を彼女に示し、剃《てい》髪《はつ》のみが必ずしも出家でない。自利を成就したあなたは、これから利他の道に進むべきである。これこそが真の出家であると諭すのである。

以下、自身染衣《ぜんね》を着するもの、自身戒行を守るもの、自身戒律を守るもの、自身善法を修するもの、自身涅槃に入るもの、自身煩悩を除くもの、自ら心身を将護《しようご》するもの、自から身心の縛《ばく》を解《と》くもの、自身生死《しようじ》の畏怖《いふ》を解脱《げだつ》するもの、自身涅槃をたのしむもの。以上のようなものを出家というのではない。

衆生の三毒を除き、戒律に反する行為を真の戒に安住せしめ、四無量心《しむりょうしん》（慈悲喜捨）を起し、よく衆生に善根を増益せしめ、一切衆生を大涅槃に入らしめ、一切衆生の煩悩を断じ、一切衆生の身心を将護し、その身心の縛を解脱せしめ、一切衆生の生死の畏怖を除き、衆生をして一切仏法に満足せしめる、つまりは利他の行を行うものこそ、真の出家に値するものであると、諄々《じゅんじゅん》と教えさとすのである。

さてそこで勝金色は、情人の上威徳長者子《じょういとくちょうじゃし》を教化する。上威徳長者子の膝を枕に眠り、死相を示す。ここでの描写はまことに真にせまっている。かくて不浄観をもって、さらに樹林に偈を説かしめ（樹木が偈を説くという形式はインド文学の常套である）、ついに上威徳長者子の善根成就し、偈を説く——

「色を見ること水沫《すいまつ》の如し。諸受《しょじゅ》（感覚器官）悉く泡の如し、想を観ずる陽炎の如し、かくの如く我れ彼を識る、（略）」と。

⑱ 世尊よ、願わくば、我れこの善根《ぜんごん》の因縁を藉《か》りて、未来世において、

もし衆生ありて四顚倒《してんどう》に住せば、われために説法して四倒《しとう》を除かしむ。

（仏説月上女経《ぶっせつがつじょうにょきょう》）

仏説月上女経は隋代五九一年、闍那崛多《しゃなくった》の訳になる。維摩経《ゆいまきょう》で知られた維摩詰《ゆいまきつ》と、その妻無垢《むく》との間に一女が生まれた。その子が生まれた時、大光明あり、家中を照したという。よって「月《がっ》上《じょう》」と名づけられた。その娘が人となるや、行住坐臥光を放ち、毛孔からは香気が満ちていたという。国中のあらゆる人々が、出来たら月上女を嫁にもらいたいと思うようになった。なかには、その父母に強引に言い寄り、くれなければ力づくでも奪おうと言うものさえあらわれた。

そこで娘が言うのに「お父さん、街の四辻で鈴を振って、今日から七日目に私は夫をえらぶでしょう。どうか心ある人は美しく着飾って待っていて下さい、と言って下さい」と。

ところがそれから六日目、月上女は八斎戒《はっさいかい》をうけ、右手におのずから一つの蓮華が生じ、美しい花がいっぱい咲いており、なかに一如来が結跏趺坐《けっかふざ》しておられた。月上女は、その化作《けさ》された如来と問答応答する。

かくて街に出ると、多くの大衆に取りまかれ、ついに月上女は飛びあがって空中に住した。

ところが、この様子を見た舎利弗《しゃりほつ》は、迦葉《かしょう》とともに、この月上女を試そうとし、ここに大乗の教理についての問答となり、維摩経にあるように、文殊菩薩以下の諸菩薩との対論を、みごとに打ち破る。

かくて仏は月上女を讃歎され、月上女は右手に持つ蓮華を仏前に投げると、それは仏頂《ぶっちょう》にいたり一つの帳《とばり》となる。一つ投げると、つぎつぎに新しい蓮華が月上女の右手に生じ、これをつぎつぎ、一つ投げるごとに一つの誓願を述べ、あわせて十の誓願が述べられる。ここに掲げた一文は、その第四の誓願にあたる。

①我が相（女）に住するものは、相を除かしめん。②我見《がけん》に住するものは、説いて我見を除かしめん。③一切分別の相に住するもののために、貪欲《とんよく》・瞋恚《しんに》・痴《ち》を除かしめん。④四顛倒《してんどう》（常楽《じょうらく》我常《がじょう》）に住する者の四顛倒を除き、⑤五蓋《ごがい》（貪《とん》・瞋《じん》・睡眠《すいみん》・掉悔《とうかい》・疑《ぎ》）に覆わるるものの五蓋を除き、⑥六入《ろくにゅう》に著するもののため著を除き、⑦七識《しちしき》に住著する者のためこれを除断し、⑧八顛倒《はってんどう》に著するもののためにこれを除断し、⑨九使《きゅうし》に住するもののために九使を除き、⑩世尊の如く十力《じゅうりき》を具足せん。

この十の誓願をたてた。この時、仏世尊、微笑したもう。そこで阿難が微笑の因縁を問い、仏これに答えたもう。

かくて月上女は授記《じゅき》（成仏の予言）を与えられ、女身を変じて男子となり、仏徳を讃歎し、出家を許されて一経を終る。

同じく維摩詰の子とせられる善思童子《ぜんしどうじ》を中心に展開する「仏説大方等頂王経《ぶっせつだいほうどうちょうおうきょう》」と姉妹篇といえる。

⑲⑨ 世尊、諸対治《しょたいじ》の法、凡《およ》そいくばくかある。仏の云く、楞伽王《りょうがおう》よ、総じてこれを云はば、三種の対治なり。何をか三となす。謂く、貪欲《とんよく》心《しん》の者には不浄観《ふじょうかん》、瞋恚心《しんにしん》の者には慈悲観《じひかん》、愚痴心《ぐちしん》の者には因縁観《いんねんかん》。これを三種の対治法と名づく。

（大《だい》乗《じょう》同《どう》性《しょう》経《きょう》）

中国南北朝の北周《ほくじゅう》の天和五年（五七〇）闍那耶舎《しゃなやしゃ》が、弟子の耶舎崛多《やしゃくった》、闍那崛多《しゃなくった》とともに訳した大乗同性経で、唐代永隆七年（六八〇）地婆訶羅《じばから》訳の証契大乗経《しょうけいだいじょうきょう》と同本異訳である。

同性《どうしょう》とは唐訳の証契《しょうけい》に相当し、一致や約束を意味し、仏教用語としては明瞭なる理解、現観《げんかん》の意で、要は大乗そのものになりきるという意である。

楞伽大城《りょうがたいじょう》の羅刹王《らせつおう》、毘毘沙那《びびしゃな》は仏が大摩羅山頂《だいまらさんちょう》に居ますと聞いて、眷属《けんぞく》とともに仏のもとにいたり、種々の供養を献じた。かくて不退転《ふたいてん》の位を得、仏につぎつぎと質問、仏はこれに応答せられた。その質疑は仏教教理上こみ入っていて簡単に述べられないが、その多くの質疑の一つが今ここに掲げた一文である。

対治《たいじ》とは煩悩《ぼんのう》を断ずることである。煩悩とは具体的に貪《とん》・瞋《じん》・痴《ち》の三毒である。そこで貪欲《とんよく》、むさぼる心の者には、そのむさぼる対象になるあらゆるものが本質的に不浄であることを教え、瞋恚《しんに》、いかりの心を持つ者には慈悲の心を教え、愚痴《ぐち》、おろかさとは、仏教では十二因縁《じゅうにいんねん》・八正道《はっしょうどう》に対する無知を意味する。そこで仏教の因縁観《いんねんかん》を教える、というのである。

さてこの質疑を終った時、仏は種々の妙色光明《みょうしきこうみょう》を放ちたもう。目連はその因由《いんゆ》を問う。仏は、この毘毘沙那王が昔から数多の仏を供養した次第を説き、のち娑婆《しゃば》世界《せかい》において成仏すべしと授記が与えられる。

さらに仏は海竜王《かいりゅうおう》の問にこたえて、毘毘沙那王の本生《ほんしょう》を説き明かされる。

仏が本生話を終られると、いくたの奇瑞《きずい》が出現し、この奇瑞の因由を弥勒菩薩《みろくぼさつ》が問う。

仏は東方阿僧祇《あそぎ》恒河《ごうが》沙《じゃ》をすぎて仏の国あり、そこに海妙深持《かいみょうじんじ》自在智《じざいち》通菩薩《つうぼさつ》がおられる。その菩薩は多くの眷属とともに、この娑婆世界に来られようとしている、と。

そう言っておられる時、この菩薩は娑婆世界の仏のもとにやってこられて、宝荘厳殿《ほうしょうごんでん》を奉献される。その素晴らしさが詳しく述べられている。

そうしてその海妙深持自在智通菩薩は、仏に「仏地にいくばくあるや」と問う。そこで仏は、仏の十地、さらに声聞《しょうもん》の十地、辟支仏《ひゃくしぶつ》の十地、菩薩の十地を説かれる。菩薩の十地は華厳経の十地にひとしい。

かくて仏は自己の仏世界を顕現される。そして無辺宝厳《むへんほうごん》菩提輦王《ぼだいれんおう》を現出される。その素晴らしさは、さきの宝荘厳殿の比ではない。

かくて、仏の十地を説かれ、その中で仏の三身（法・報・応の三身）が説かれる。しかし、仏の二地以上は説いても大衆の理解の及ばないところであると、ただ光明を見るばかりである、と此経は終っている。

⑩⑩ 人もと悪ありといえども、一時に念仏せば、これをもって泥犁《ないり》（地獄のこと）に入らず、すなわち天上に生ず。

（那《な》先《せん》比《び》丘《く》経《きょう》）

那先比丘経という。しかし大正蔵経も国訳一切経も論部に納められている。漢訳は増広されたと考えられる序説で「仏、舎衛《しゃえ》国祇《こくぎ》樹給孤《じゅぎっこ》独園《どくおん》におわしき」という、経典の形式で始められているが、内容は那先比丘《なせんびく》（ナーガセーナ）と、バクトリアの弥蘭王《みらんおう》（ミリンダ王）との問答集である。

アレキサンダー大王はインド遠征のあと、紀元前三二三年メソポタミヤのスサで死に、そのあとメソポタミヤを含む地方は、アレキサンダーの部将であったセリウコスの支配下に入る。そのセリウコスがエジプトのプトレマイオス王朝と争っている隙に、紀元前二五五年ディオドトスによって独立したギリシャ系の国がバクトリアである。

ミリンダ王（メナンドロスのなまったものと考えられる）は、在位紀元前一五五―一三〇ごろと考えられている。王は勇猛な王者であったばかりでなく、学問や技芸にも優れ徳と威厳をもって統治にあたったので、人民の間の信望あつく、かれ自身仏教に帰依したと伝えられる。

漢訳に対してパーリー文「ミリンダ・パンハ」（ミリンダ王の問い）は増広部分が多い。平凡社刊『ミリンダ王の問い』（三巻）の解説にくわしく述べられているが、要点は漢訳とパーリー文とがほぼ一致する部分が最古層であるということである。

パーリー文第一編第一章の一節をたどってみよう。

まず王は出家の目的を問う。これに対して比丘は「生存に執することなき完全な涅槃《ねはん》」と答える。

次の、迷いの生をくりかえすか、という問には、くりかえすものも、くりかえさないものもある、と。くりかえすのは「生存に対する執着」をもつからである、と。そして智慧は煩悩を滅し、その智慧を助けるための戒行・信仰・精励・専念・定が説かれるといった様子である。

ここにあげた一文は念仏による救いが説かれているが、その前後をふくめて口語訳して述べると――

王「比丘よ、人が悪いことをして百年も経ち、死に望んで念仏したら死後天に生ずる、ということは、私には信じられない。またひとたび殺生をしたら地獄におちる、ということも信じられない」

比丘「もし人がたとえ小さな石でも水上に置いたらどうなります。浮ぶでしょうか」
王「その石は沈みます」
比丘「もし百枚もの大石であっても船の上に置いたら、その船は沈むでしょうか」
王「沈みません」
比丘「船に乗せた百枚の大石は、船に乗せたから沈まないのです。人にも悪業があったとしても、仏を念じさえすれば、地獄（泥犁《ないり》）におちず、天上に生ずることが出来る。その小さな石でも沈むというのは、人が悪業をなして仏の教を知らないため、地獄におちるようなものであります」
王「よくわかりました」
（ここに那先比丘の説く教理は、根本仏教より部派仏教に進んだころ、しかし大乗仏教成立以前のものであると考えられる）

参考文献

・『大正新脩大蔵経』（大蔵出版）
・『国訳一切経、印度撰述部』（大東出版社）
・『昭和新纂国訳大蔵経』（東方書院）
・『仏書解説大辞典』（大東出版社）
・『仏典解題事典』（春秋社）
・『仏教大辞典』（望月信享編）
・『仏教語大辞典』（中村元編）
・『仏教学辞典』（法蔵館）
・『コンサイス仏教辞典』（大東出版社）
・『仏典講座』（大蔵出版）
・『世界古典文学全集・仏典一・二』（筑摩書房）
・『大乗仏典』（中央公論社）

・『世界の名著・原始仏典』（中央公論社）
・『世界の名著・大乗仏典』（中央公論社）
・『ブッダのことば』（中村元訳　岩波文庫）
・『ブッダの真理のことば、感興のことば』（中村元訳　岩波文庫）
・『ブッダ最後の旅』（中村元訳　岩波文庫）
・『仏弟子の告白』（中村元訳　岩波文庫）
・『尼僧の告白』（中村元訳　岩波文庫）
・『般若心経・金剛般若経』（中村・紀野訳注　岩波文庫）
・『法華経』（坂本・岩本訳注　岩波文庫）
・『浄土三部経』（中村・早島・紀野訳注　岩波文庫）

高 橋 勇 夫（たかはし・いさお）

大正９年３月11日、大阪市西成区に生れる。

旧制住吉中学（現住吉高校）を経て、東洋大学文学部仏教学科卒。兵役。戦後、昭和23年９月より大谷学園勤務。宗教・歴史担当。昭和39年９月より、昭和52年３月まで東大谷高等学校副校長。その後、大谷女子短期大学教授。平成10年遷化。

著　者『法華百話』『日蓮百話』『自我偈講讃』『お守り法華経』『法華経のあらまし』他

仏 典 百 話 新装版

1983年１月10日　初版第１刷発行
2017年10月21日　新装第１刷発行

発 行 者　稲 川 博 久
発 行 所　東方出版㈱
大阪市天王寺区逢阪２－３－２
電話（06）6779－9571
FAX（06）6779－9573
装　幀　森本良成
印 刷 所　亜細亜印刷㈱

乱丁本・落丁本はお取替えいたします

ISBN978-4-86249-293-7